選手

#BABY_FACED_ASSASSIN

#GSW_LEGEND

PROLOGUE

Stare Down Destiny
운명에 직면하라

아들, 형, 남편, 아버지…
이 선수에게는 많은 호칭이 있습니다.
또 팀 동료이기도 하고, 친구이기도 하죠.
우리는 오늘 여기에 하나 더 붙이고자 합니다.
2014-2015시즌 NBA MVP,
워델 스테픈 커리Wardell Stephen Curry입니다.

2015년 5월 14일은 커리 가家에 기념비적인 날이었다.
스테픈 커리. 16년 경력의 NBA 슈터 델 커리의 장남이었던 그는
소속팀 골든스테이트 워리어스를 서부 정상에 올려놓은 활약을
인정받아 정규시즌 MVP에 선정됐다. 한 시즌 동안 가장 가치있는
플레이를 펼친 선수로 '공인 인증'을 받은 것이다. 그것도 만장일치로.

'될성부른 나무는 떡잎부터 알아본다.'

미국 프로스포츠에서 이 말은 거의 틀린 적이 없었다.

통신, 교통수단의 발전은 스카우팅 경쟁에도 혁신을 가져왔다. 자동차 한 대와 지도만 갖고서 전국을 오가며 유망주들을 소개받고, 탐색하던 과거와 달리 이제는 손가락 몇 번만 누르면 어디서든 10대 유망주들의 플레이를 볼 수 있다. 우리가 살면서 평생 관광조차 갈 일이 없을 것 같은 아프리카 카메룬, 튀니지의 14살, 15살 유망주도 볼 수 있다. 미디어도 이런 유망주들을 주기적으로 소개하며 기대감을 드높인다. 모두가 슈퍼스타가 되는 것은 아니지만, 절대 다수의 슈퍼스타들은 이런 방식으로 이름을 알렸고, 어린 시절부터 카메라 플래시와 가까이해왔다.

또, 에이전트 및 스포츠 브랜드들과 인사하며 자랐다. 르브론 제임스와 케빈 듀란트, 자이언 윌리엄슨 등 2000년대에 등장한 슈퍼스타들이 그랬다.

나는 농구기자로 활동하면서 이런 광경을 수없이 봐왔다. NBA와 국제농구연맹FIBA에서 개최하는 '국경 없는 농구 캠프Basketball without Borders'를 비롯해, 전미 고교농구 토너먼트에 가보면 프로팀 단장과 스카우트, 대학팀 감독, '공신력 높다'고 평가받는 기자들이 한데 모여 의견을 주고받는다. '슈퍼 유망주'가 되려면 이런 캠프에 1~2번 이상 초대받아야 한다.

그런데 이 책의 주인공은 '누구나' 해왔던 그 과정을 겪어보지 못했다. 부상이 있었던 것도 아니고, 사정이 있었던 것도 아니다. 단지, 초대를 받기에는 실력이 너무 부족했다. 심지어 부모님조차도 성공을 확신하지 못했다. 농구를 좋아했지만, 그 마음의 크기에 비해 실력이 떨어졌다. 그러나 서른이 넘을 무렵, 그는 세계 농구팬들 사이에서 가장 인기있는 선수가 됐다. 세계에서 자신의 이름이 적힌 유니폼을 가장 많이 파는 선수가 되었고, 그가 나오는 경기는 최고 시청률을 기록했다.

경기장 좌석은 연일 매진됐다. 30여 년 전, 사람들이 혀를 길게 내민 채 마이클 조던을 따랐듯, 청소년들은 하프라인에서 숏을 '막' 던져댔다. '이 선수'처럼

하고 싶어서 말이다.

림에 닿든 안 닿든 그것은 중요하지 않았다. 어차피 조던을 따라 했던 학생들도 자신들이 아무리 점프해봤자 공중에 머무르지 못한다는 것을 알았을 테니까.

누구의 레이더에도 걸리지 않은 채 조용히 대학에 입학했지만 NBA의 트랜드까지 바꿔놓은 선수가 된 이 남자는 바로 스테픈 커리다.

커리는 그간 NBA를 대표해온 얼굴들과는 다른 유형의 스타였다. 센터 시대를 지배해온 빅맨들처럼 키가 압도적으로 크거나 힘이 좋지도 않았고, 그렇다고 공중을 날 정도로 엄청난 체공력을 가진 것도 아니었다. 우리가 기억하는 리더들처럼 카리스마가 대단하지도 않았다. 곱상한 외모에 (NBA 기준으로 봤을 때 상대적으로) 작은 체구의 그가 내세운 무기는 3점숏이었다. 3점숏을 아주 멀리서 꽂아댔다.

그것도 아주 많이, 아주 정확하게. 커리는 한 시즌 최다 3점숏 성공 기록을 세웠으며, 2년 연속 MVP가 됐고, 소속팀 골든스테이트 워리어스에서 3번 우승을 거머쥐었다. 또한, 《TIME》지가 선정한 세계에서 '가장 영향력 있는 인물 100명' 중 한 명이 됐고, NBA가 75주년을 기념해 발표한 '역대 최고의 선수 75인'에도 이름을 올렸다.

래리 낸스 주니어, 조던 클락슨 같은 NBA 선수들은 '내게 가장 영감을 주는 선수'로 커리를 꼽는다. 안 좋은 신체조건에, 무명대학을 나온 그가 무수한 '노력'을 통해 자신의 레벨을 끌어올린 것에 대한 존경의 표현이다. 우리는 대학 진학조차 쉽지 않았던 작은 학생이 '전설'이 된 과정을 지켜볼 필요가 있다.

'운명에 직면하라Stare down destiny', '난 뭐든지 할 수 있다I can do all things' 등 긍정의 슬로건을 앞세운 그는 이미 농구하는 방식을 바꾸었으며, 농구의 새로운 얼굴이 되었다.

이처럼 그가 단순히 숏만 잘 넣는 선수가 아니라, 만인이 사랑하고 동경하는 '리더'가 될 수 있었던 비결은 무엇이었는지 돌아본다면 여러분은 아마 스테픈 커리라는 선수를 더 깊이 이해하고, 더 사랑하게 될 것이다.

Stephen Curry

CONTRACTS

2009. 6	2년 계약 562만 달러
2010. 9	2011/12시즌 팀 옵션 실행 311만 달러
2011. 6	2012/13시즌 팀 옵션 실행 395만 달러
2012. 10	계약 연장 4년 4,400만 달러
2017. 7	계약 5년 2억 120만 달러
2021. 8	계약 연장 4년 2억 1,535만 달러

TIMELINE

1988	3월 14일 출생 오하이오주 애크론
2006	데이비슨 대학 입학
2007	FIBA U19 세계선수권대회 출전 은메달
2009	NBA 드래프트 전체 7순위로 입단 골든스테이트 워리어스
2010	FIBA 세계선수권대회 출전 우승
2014	FIBA 농구 월드컵 출전 우승
2021	NBA 3점슛 성공 역대 1위

AWARDS

7 올스타 7회
2014, 2015, 2016, 2017, 2018, 2019, 2021

2 정규시즌 MVP 2회
2015, 2016

3 NBA 챔피언 3회
2015, 2017, 2018

4 올-NBA 퍼스트 팀 4회
2015, 2016, 2019, 2021

2 NBA 득점왕 2회
2016, 2021

9 서부 컨퍼런스 이달의 선수 9회
2013. 4, 2014. 4 , 2014. 11, 2015. 11, 2016. 2, 2017. 1, 2018. 1, 2021. 4, 2021. 5

18 서부 컨퍼런스 이주의 선수 18회

3 서부 컨퍼런스 이달의 신인 3회
2020. 1, 2020. 3, 2020. 4

CONTENTS

8 프롤로그: Stare Down Destiny 운명에 직면하라

10 스테픈 커리의 커리어

Wildcats Days

16 01 '선택받지 못한' 선수

22 STORY: SECOND-GENERATION NBA PLAYERS

30 02 특별한 선수가 될 것이란 믿음

34 03 '다음 레벨'의 가능성을 보다

44 COLUMN: 커리와 이현중의 모교 데이비슨 대학, 그리고 밥 맥킬롭

Baby Assassin

50 01 너무 작은 최고의 슈터

62 02 공존

70 03 4,400만 달러와 54득점

76 STORY: 득점 기계들의 고향 골든스테이트 워리어스

Golden Days

88 01 스테픈 커리 vs 르브론 제임스 4년 전쟁의 시작

100 STORY: STEPH & AYESHA

104 02 대기록 스트레스가 가져온 시리즈 역전패

114 03 햄튼 5 결성! 그리고 2년 연속 우승

124 COLUMN: 커리를 MVP로 만든 일곱 가지 비결

All Time Greats

134 01 또 다른 챕터의 끝

146 COLUMN: 오타 하나가 바꾼 브랜드 시장, 그리고 언더독 신화

150 02 다시, 증명의 길에 발을 내딛다

164 COLUMN: 인간. 스테픈 커리

170 SPECIAL COLUMN: 우리가 커리에게 미치는 이유

172 에필로그: We Are All Witness 우리는 커리 시대의 증인이다

Wildcats Days

떡잎부터 알아보는 농구 시장에서 델 커리의 아들 스테픈 커리는 눈에 띄는 존재가 아니었다.
커리는 체격도 크지 않았고, 심지어 실수를 남발하기도 했다.
거의 모든 대학이 그에게 관심을 가지지 않았지만,
데이비슨 대학의 밥 맥킬롭 감독은 그의 눈빛에서 의지를 봤다.
그리고 믿었다.

" "

저는 그 아이가 눈에 들어오더군요. 실책을 저지른 뒤 자세가 좋았거든요.
그는 바로 수비에 복귀해 자기 할 일에 집중했습니다.
경기에 집중하며, 놀라운 슛을 던졌습니다. 아마 그 표정만 보면,
그가 바로 직전에 실수했다는 것을 모를 정도로 몰입감이 대단했습니다.
그는 절대 고개를 숙이지 않았습니다.

밥 맥킬롭 데이비슨 대학 감독

01

'선택받지 못한' 선수

1988년, 오하이오 주에서 태어나 노스캐롤라이나 주에서 유년 생활을 보낸
스테픈 커리는 NBA 선수였던 아버지 델 커리의 영향을 굉장히 많이 받았다.
델 커리는 1986년 NBA 드래프트에서 전체 15순위로 유타 재즈에 지명된 뒤
2002년까지 선수로 뛰었다. 유타 재즈, 클리블랜드 캐벌리어스, 샬럿 호네츠,
밀워키 벅스, 토론토 랩터스 등 다섯 팀에서 뛰었는데, 가장 유명세를 떨친 시기는
샬럿에서 보낸 10년(1988~1998)이었다. 3점 슈터로 쏠쏠히 활약했다.
그가 스테픈 커리를 얻은 건 클리블랜드에서 뛴 1987-1988시즌으로, 바로 다음
시즌에 신생팀을 위한 확장 드래프트를 통해 샬럿으로 이적했다. 이 책에서 샬럿은
골든스테이트 만큼이나 자주 언급될 도시다. 델 커리가 가장 오랜 시간을 뛴
도시인 동시에 이들 가정의 바탕이 된 곳이기 때문이다.
아들은 아버지를 따라 시도 때도 없이 농구장을 드나들었다. 매일 밤 라커룸에서
유명 NBA 선수들을 마주봤고, 아버지가 훈련하는 농구 코트는 최고의 놀이터였다.
커리는 2016년 캐나다에서 가진 인터뷰에서 "아버지가 경기를 뛰는 동안
저와 동생은 체육관 곳곳을 누볐어요. 그러다 심심해지면 훈련 코트에 가서
농구를 했죠"라고 말한 바 있다. 커리에게 처음 마주한 사회가 농구장이었고,
처음 갖게 된 취미도 농구였던 것이다. 그는 "아버지와 함께 농구장을 다녔던 것은
내 인생 최고의 특권이었습니다"라고도 말했다.
하지만 실력은 그저 그랬다. 일단 키가 작았고, 체구도 왜소했다.

고교 입학 당시 커리는 5피트 8인치(약 172cm), 125파운드(56kg)에 불과했다. 졸업반 때 키가 좀 자라서 180cm에 가까워졌지만, 체중은 160파운드(72kg)로 여전히 체구가 작은 편이었다. 혹자는 '나이는 18살인데 얼굴은 14살 같았다'고 할 정도로 어리고 약해보였다. 골든스테이트 전담 기자 마커스 톰슨 2세는 자신의 저서에서 "때로는 너무 약해 상대팀 코치가 일부러 거칠게 막으라고 지시하기도 했다"라고 적었는데, 이런 체격적인 부분 때문에 커리가 더 과소평가를 받은 부분도 있었다. 커리도 이 때문에 스스로 위축된 적이 있었다고 인정한다. 미국 고등학교 스포츠팀들은 매년 전국대회에 내보낼

선발팀을 꾸린다. 커리는 선발팀에 지원조차 하지 못했다. 그럴 엄두조차 내지 못했다고 고백했다.

2015년, NBA 올스타가 된 뒤 가진 인터뷰에서 커리는 자신의 학창 시절을 이렇게 돌아봤다. "고등학교를 졸업할 때까지도 저는 빼빼 마른 아이였어요. 180cm는 됐을까요? 키가 더 자라길 바랐지만, 그건 내가 할 수 있는 영역이 아니었어요. 대신 농구적으로 더 발전해야겠다고 마음먹었죠."

그러나 이지만으로 쉽게 풀리지 않았다. 샬럿 크리스천 고등학교의 가드, 커리를 높게 보는 전문가들이 적었기 때문이다. 앞서 언급했듯, 아마추어 유망주 중

NBA 자질을 갖춘 선수들은 일찍부터 대학 팀들로부터 입학 제의를 받는다. 대학 감독들은 몇 백, 몇 천 킬로미터 떨어진 곳까지 날아와 미래의 슈퍼스타가 될 자녀의 부모님을 설득했다. 그들은 학교 자랑은 기본이고, 자신의 선수가 될 경우 무엇을 얻어갈 수 있는 지 비전을 심어준다. 이는 대학 최고 명장이라 불리는 '코치 K' 마이크 슈셉스키(듀크 대학)나 존 칼리파리(켄터키 대학) 등도 예외 없이 임해야 하는 아주 중요한 절차다. 스카우트 성패에 따라 감독의 연봉 단위도 달라진다. 하지만 커리를 찾아오는 학교나 코치는 거의 없었다. 사실, 농구를 정말로 못했던 선수는 아니었다.

커리의 소속팀은 항상 이겼다. 패스도 남달랐고, 오픈슛도 놓치지 않았다. 노스캐롤라이나 주 베스트5를 논할 때 후보에 커리 이름도 빠지지 않았다. 다만, 그가 경쟁하는 무대 자체가 '전국 레벨'과는 거리가 있었다. 미국 아마 스포츠를 전문적으로 다루는 《247스포츠》는 당시 커리를 노스캐롤라이나 주 포인트가드 부문 14위, 전국 52위에 두었다. 선수 랭킹을 전 포지션으로 확장시키면 전국 256위 였다. 대학농구 상위팀이 눈여겨보기에는 부족한 순위였다. 최종적으로 커리에게 제의가 온 대학교는 다섯 곳이었다. 데이비슨 대학, 하이 포인트 대학, 윌리엄 & 메리 대학, 버지니아 공대, 버지니아 커먼웰스 대학 등이었다.

버지니아 공대는 부친의 모교였다. 커리도 아버지 학교에서
뛰는 것이 꿈이었지만, 학교 측이 내건 조건이 하나 있었다.
'운동선수 장학금은 못 주겠다'는 것이다. 버지니아 공대
외 다른 학교들도 마찬가지로 워크 온(walk on: 장학금이
없는 특기생 입학 제도)을 하길 바랐다. 델 커리는 '이 정도면
감지덕지'라는 심정이었다고 고백한 바 있다. "저는 아들이
'좋은 대학 선수'가 될 거라 생각했어요. NBA까지는
기대하지 않았죠."

본인도, 아버지조차 확신을 갖지 못했던 시기.
그러나 데이비슨 대학은 유일하게 커리에게 장학금을
보장하며 입학을 제안했다. 커리의 스카우트를 결정한
인물은 밥 맥킬롭 감독이다. NCAA 대학농구에서만 50년
가까이 지도한 거장 중 한 명으로, 1989년 데이비슨 대학
지휘봉을 잡은 이래 지금까지도 팀을 이끌고 있다.
그는 커리의 재능을 알아본 거의 유일한 인물이었다.
2008년 NCAA 토너먼트 경기 기자회견에서 맥킬롭 감독은
"그때만 해도 대학교가 원했던 체형의 선수가 아니었습니다.
유명 대학교라면 모두가 그랬을 거예요. 작았으니까요.
그리고 어려보이고, 약해보였습니다. 대다수 스카우트들은
커리가 주니어 칼리지 같은 곳에서 1년 정도 더 배우고
오길 바랐을 겁니다. 그들이 왜 그렇게 생각했는지
이해합니다. 그게 놀라운 건 아니었어요"라고 돌아봤다.
반면 맥킬롭 감독은 커리의 내면에서 '의지'를 발견했다고
말했다. 그가 커리를 처음 본 건 라스베이거스에서였다.
매년 여름, 라스베이거스는 농구인들의 성지가 된다.
나이키, 아디다스 등 대형 브랜드들이 후원하는 고교농구
토너먼트가 개최된다. 토너먼트에는 꼭 듀란트나 윌리엄슨
같이 소위 말하는 'S급' 재능들만 출전하는 것은 아니다.
나는 2016년, 라스베이거스의 데저트 오아시스 고교(Desert
Oasis High School)에서 열리는 고교대회 취재를 갔는데
그곳에는 독일 청소년 대표팀부터 지역 연합팀 등 다양한
출신 성분의 고교팀들이 모여 있었다. 베트남 교포라고
밝힌 한 아이는 "꼭 NCAA의 좋은 대학에 가는 것만이
꿈은 아니에요. 더 잘 하는 친구들과 붙어다니면서 자극을
받는 것도 좋습니다"라고 출전 배경을 전하기도 했다.
커리는 어떤 입장이었는지 모르겠다. 한 가지 확실한 건
있다. 대학교로부터 아무런 오퍼를 받지 못했다는 사실로
유추해봤을 때, 절대 인상적이지 못했다는 것만은 분명하다.
맥킬롭 감독은 달랐다. "첫 경기에서 그 아이는 실책을
9개인가, 11개인가를 기록했습니다. 그런데도 저는

그 아이가 눈에 들어오더군요. 실책을 저지른 뒤 자세가
좋았거든요. 바로 수비에 복귀해 자기 할 일에 집중하더군요.
경기에 집중하며 놀라운 슛을 던졌습니다. 아마 그 표정만
보면 그가 바로 직전에 실수를 했다는 것을 모를 정도로
몰입감이 대단했습니다. 그는 절대 고개를 숙이지
않았습니다. 경기를 뛰지 않을 때는 동료들을 응원하고,
코트에서 눈을 떼지 않고 있었습니다."

NBA 스킬 트레이너들은 '노력하는 법'도 재능의 범주에
넣어야 한다고 주장한다. 노력하는 재능이 있는 선수들은
얼마나 더 해야 할지, 그리고 어떻게 해야 자신과
싸워 이길 수 있는지 본능적으로 알고 있다는 것이다.
맥킬롭 감독은 커리의 그러한 면에서 발전 가능성을 찾았다.
선수 생활을 하면서 이런 지도자를 만나는 것도 아마 복일
것이다. 만일 커리가 데이비슨 대학을 가지 않았다면?
대다수 지도자들이 바라던 대로 주니어 칼리지,
즉 2년제 대학에 가서 커리어를 시작했다면 어땠을까.
설사 그가 주니어 칼리지에서 날아다녀 1부 대학에
스카우트됐다고 하더라도 주목을 끄는 데는 시간이
걸렸을 것이다. 대학농구 규정상 전학생은 1년 간 출전이
금지되기 때문이다.

다시 2015년 MVP 시상식 현장으로 돌아와 보자.
커리는 MVP가 된 뒤 꽤나 긴 스피치 시간을 가졌다.
NBA가 전달한 그의 스크립트는 글자 크기 10포인트로
7장에 달했다. 아마도 커리의 성향상 대본을 보거나
외우지 않았을 것이다. 그 7장의 문서에는 어린 시절부터
MVP가 된 시점까지, 자신을 챙겨주고 도운 지인들에 대한
고마움이 담겨있었다.

"사람들은 제가 여기까지 오는데 아무런 허들이나
장벽이 없다고 생각할 지도 모르겠습니다.
저는 고등학교에 갈 때조차 신문에 언급되는 선수가
아니었습니다. 전 유망주가 아니었어요. 누구도 저희 집을
찾아와 우리 학교에 와달라고 부탁하지 않았죠.
맥킬롭 감독이 저를 부를 때까지는 말이죠."

농구선수 아버지를 보면서 시작한 농구.
그저 공을 튀기는 것이 좋아서 시작했던 농구였지만,
10대 시절은 의지와 실력이 비례하지 않아 좌절했던 때도
많았던 시간이었다. 그러나 이처럼 자신의 재능과 가능성을
알아본 지도자와 기적적으로 마주하게 되면서,
비로소 커리는 전설의 첫 챕터를 써내려 갈 수 있었다.

SECOND-GENERATION
NBA PLAYERS

아버지의 유전자를 물려받은 NBA 선수들

스테픈 커리는 NBA 선수를 아버지로 둔 것에 대해 '축복'이었다고 말한다. 아버지를 보며 꿈을 갖게 됐고, 함께 꿈을 키웠기 때문이다. 그의 아버지 델 커리는 3점슛에 특화된 선수였다. 이미 고교시절부터 버지니아 주에서 알아주는 기대주였다. 1982년에는 맥도널드 올-어메리칸에 선정됐고, 같은 해 버지니아 주의 'Mr. BASKETBALL'로 뽑히기도 했다. 재학 시절에는 매 시즌 컨퍼런스 퍼스트 팀에 이름을 올렸다. 덕분에 드래프트에서도 전체 15순위로 지명됐다. 2번째 시즌부터 평균 두 자리 득점을 올린 델 커리는 슈퍼스타로 성장하진 못했지만, 어느 팀이든 필요로 하는 선수가 됐다. 1993-1994시즌에는 샬럿 호네츠에서 '올해의 식스맨'상도 탔다. 총 1,083경기를 뛰고 은퇴할 때 통산 득점은 12,670점이었다. 22살에 데뷔해 37살의 나이에 프로 유니폼을 벗을 때까지, 델 커리가 넣은 3점슛은 1,245개였다. 아들 스테픈 커리는 아버지가 소화한 경기의 절반도 되지 않은 427경기 만에 아버지의 기록을 뛰어넘었다. 2015년 11월 15일의 일이었다. 스테픈 커리는 자신의 이러한 살림 밑천이 아버지로부터 나왔다고 말한다. 2003년, 델 커리는 은퇴 후 아들의 슛폼 교정에 매진했다. 이는 스테픈 커리가 회상하는 '가장 고되고 좌절스러웠던 여름'이라고도 하는데, 자세와 습관을 바꾸는 일이 결코 쉽진 않았을 것이다. 하지만 역대 최고의 슛 전문가 중 한 명이 함께 했기에, 아들 역시 더 나은 슈터가 될 수 있었다.

'전설' 릭 베리, 그리고 세 아들

커리 부자처럼 선수출신 부친의 영향을 받아 NBA 선수가 된 경우가 많았다. 커리가 골든스테이트 워리어스의 역사를 쓰기에 앞서, 먼저 '전설'을 써내려간 릭 베리가 대표적이다. 릭 베리는 1975년 골든스테이트를 우승으로 이끈 인물이다. 그 시즌 NBA 파이널 MVP에 선정됐던 '득점 기계'. 농구만화 「슬램덩크」를 보신 분들이라면 '강백호 자유투'를 기억할 것이다. 강백호가 취했던 언더핸드 자유투 폼을 처음 시도한 인물이 바로 릭 베리다. 그의 아들 중 세 명이 NBA

에 진출했다. 존 베리, 브렌트 베리, 드류 베리다. 비록 NBA에서 아버지만큼 스타가 되진 못했지만, 나름대로 자취는 확실히 남겼다. 그중 브렌트 베리는 1996년 올스타전에서 자유투라인 덩크를 꽂아 우승을 차지했다. 백인 선수가 덩크 대회를 우승한 건 베리가 처음이자 마지막이었다. 샌안토니오 스퍼스에서도 두 차례(2005, 2007) 우승을 거머쥐었다.

아들만큼 우승에 익숙한 아버지

스테픈 커리의 파트너, 클레이 탐슨도 NBA 선수였던 아버지의 영향을 받았다. 클레이 탐슨의 아버지는 마이클 탐슨이다. 1978년 드래프트 1순위로 포틀랜드 블레이저스에 지명됐고, NBA에서는 1991년까지 뛰었다. 키는 아버지인 마이클 탐슨이 더 크다. 211cm로, 빅맨 포지션이었다. 마이클 탐슨은 1987년 2월, 샌안토니오에서 LA 레이커스로 트레이드 됐으며 이후 카림 압둘-자바의 백업으로 뛰었다. 레이커스는 이후 1987년과 1988년, 2년 연속 우승을 거머쥐었다. 스테픈 커리와 마찬가지로, 클레이 탐슨도 아버지를 따라다니면서 농구와 가까워졌다. 동시에 클라이드 드렉슬러부터 코비 브라이언트까지, 수많은 슈퍼스타들로부터 조언을 받을 수도 있었는데, 클레이 탐슨은 "굉장히 큰 영감을 주었다"라고 고백했다. 덕분에 아들은 아버지의 위상을 뛰어 넘은 지 오래다. 비록 1순위는 되지 못했지만, 3회 우승팀의 주전선수로 성장했으며 올림픽 금메달리스트를 목에 걸었다. 훗날 '3점슛'을 논할 때 다섯 손가락에 드는 선수로 남을 것이다. 아버지도 이를 인정한다. 초창기만 해도 "레이업을 정말 많이 놓친다"라며 애정 어린 핀잔을 하곤 했지만, 이제는 그 누구보다도 아들 자랑에 열중한다. 한편, 커리와 탐슨의 공통점은 NBA 부친에만 있지 않다. 두 선수의 어머니도 모두

운동선수 출신인데, 어머니 모두 대학시절까지 배구 선수로 뛰었다.

신은 다 계획이 있었다

2021년 NBA 파이널 진출을 이끌고(준우승), 도쿄올림픽에선 금메달을 목에 걸었던 올스타 데빈 부커. 그의 부친 멜빈 부커 역시 '한때' NBA 선수였다. 멜빈 부커의 NBA 경력은 고작 1년 여밖에 되지 않는다. 대학시절에는 제이슨 키드에 이어 전국에서 2번째로 뛰어난 포인트가드라는 평가를 받았지만, NBA 드래프트에는 지명되지 못했다. 이후 그는 하부리그와 해외리그를 전전하다 은퇴했다. 하부리그 생활을 하던 중 만난 베로니카라는 여성을 만나 아들 데빈을 가졌지만, 둘은 결혼까지 이어가진 못했고 데빈 부커는 어머니 밑에서 자랐다. 그렇다고 아예 아버지의 존재를 몰랐던 것은 아니었다. 여름이면 부친은 아들을 만나 농구를 가르쳐주며 서로의 관계를 이어갔다. 그랬던 둘이 '아버지와 아들' 그리고 '농구 선후배'로 본격적으로 이어진 것은 데빈 부커가 고등학생이 되면서부터였다. 데빈이 본격적으로 농구 선수의 길을 걷기로 결정하면서 아버지와의 관계가 더 돈독해졌다. 아버지 멜빈은 은퇴 후 모교인 미시시피 주의 모스 포인트 고교의 어시스턴트 코치로 부임했는데, 데빈도 그의 학교로 전학을 가면서 성장을 이어갔다. 이후 3년간 데빈은 전국에서 가장 득점력이 뛰어난 가드로 성장했고, 이는 오늘날 NBA 올스타이자 올림피언으로 발돋움하는데 발판 역할을 했다. 아버지 멜빈은 "신은 다 계획이 있으셨던 것 같다"며 결국에는 이어진 부자 관계를 설명했다. 데빈 부커가 드래프트되던 날, 그는 아들에게 이렇게 말했다. "아들아, 내가 드래프트됐더라도 지금보다 기쁘진 않았을 거야!"

90년대 스타들의 2세들

제라미 그랜트와 제리언 그랜트는 90년대 '쌍둥이 포워드'로 유명했던 하비 그랜트의 아들이다. 그중 동생인 제라미 그랜트는 2014년 드래프트 39순위라는 낮은 순위에 지명됐지만, 2020년, 디트로이트 피스톤스와 3년 6,000만 달러에 계약하는 등 성장세를 인정받았다. 데빈 부커와 함께 미국대표팀에 승선해 도쿄올림픽 금메달을 목에 걸기도 했다. 팀 하더웨이 주니어(댈러스 매버릭스)는 80~90년대 골든스테이트 스타 포인트가드 팀 하더웨이의 아들이다. 아버지 팀 하더웨이의 주무기는 '킬러 크로스오버 드리블'로, 오늘날 가드들에게 많은 영감을 주었다. 아들인 하더웨이 주니어는 2013년 NBA에 데뷔해 슛에서 각광을 받았지만 아직 아버지의 명성까지는 따라가지 못하고 있다. 그 외 게리 트랜트 주니어(게리 트랜트, 현 토론토 랩터스), 게리 페이튼 2세(게리 페이튼, 골든스테이트 워리어스), 제일런 브런슨(릭 브런슨, 댈러스 매버릭스), 콜 앤써니(그렉 앤써니, 올랜도 매직), 래리 낸스 주니어(래리 낸스, 포틀랜드 블레이저스) 등도 아버지로부터 DNA를 물려받아 현역 NBA 선수로 뛰고 있다. NBA 역대 최장신(231cm) 중 하나였던 마누트 볼의 아들 역시 현역 선수다. 1999년생 볼 볼은 아버지만큼은 아니지만 218cm의 큰 키에 기동력과 외곽슛을 앞세워 2019년, NBA 덴버 너게츠에서 데뷔했다.

올림피언의 아들

아비다스 사보니스는 동유럽이 낳은 역대 최고의 센터다. 전성기 사보니스는 221cm의 큰 키에 빼어난 기술과 슛거리를 갖추어 누구도 감당하지 못할 선수로 명성이 자자했다. 1988년 서울올림픽에서는 미국 대표팀에 뼈아픈 패배를 안기며 금메달도 목에 걸었다. 1964년생인 사보니스는 아직 10대였던 1981년,

프로에 데뷔해 1995년까지 유럽 무대에서 모든 것을 다 이룬 뒤, NBA에 데뷔했다. 사실, 그의 전성기를 지켜본 이들은 "사보니스가 몇 년 더 일찍 NBA에 데뷔했다면 많은 것이 달라졌을 것"이라고 말한다. 사보니스는 1986년 드래프트에서 포틀랜드에 의해 지명된 상태였는데 당시만 해도 냉전 관계가 정리되지 않은 시기였고 결정적으로 사보니스의 건강 상태도 썩 좋지 않았다. 1995년, 사보니스가 NBA에 왔을 때 그의 무릎은 이미 농구선수로서의 기능을 거의 다한 상태였다. 《스포츠 일러스트레이티드》는 포틀랜드 주치의의 말을 빌려 "X-RAY와 MRI만 놓고 보면 사보니스는 장애인 주차구역에 주차를 해도 문제가 없을 것"이라는 보도를 하기도 했다. 그럼에도 불구하고 사보니스는 평균 14.5득점 8.1리바운드를 기록하면서 그 시즌 신인상과 식스맨상 투표에서 2위를 차지했다. 사보니스는 2001년까지 NBA에서 뛴 뒤 다시 유럽으로 돌아가 커리어를 마쳤다. 현재 그는 리투아니아 농구협회 회장직을 맡고 있다. 사보니스는 미스 리투아니아 출신의 아내와 결혼했는데 둘 사이에서 태어난 넷째이자 막내아들인 도만타스 사보니스(211cm)는 현재 NBA 인디애나 페이서스의 핵심멤버로 활약 중이다. 2016년 NBA 드래프트 11순위로 지명되었고 이미 2번이나 NBA 올스타에 선정됐다. 또한 리투아니아 대표팀에서 아버지의 대를 이어 간판으로 활약 중이기도 하다. 비록 활약상 자체는 아버지에 비할 바 못 되지만, 코트에서 선보이는 기술은 아버지의 유전자를 그대로 물려받았다는 평가다. 한편, 도쿄올림픽 금메달리스트이며, 골든스테이트에서 커리와 함께 우승컵을 거머쥔 저베일 맥기도 농구인의 아들이다. 어머니 파멜라 맥기는 1984년 LA올림픽에서 여자농구 금메달을 획득한 대학농구 선수였고, 아버지 조지 몽고메리는 일리노이 대학을 나와 1985년 NBA 드래프트에서 39순위로 포틀랜드

에 지명됐지만 NBA 무대를 밟기 전에 방출됐다. 이후 그는 프랑스, 그리스, 스페인 등에서 선수 생활을 했다.

잘못된 부정父情

커리나 탐슨의 예를 봐도, NBA 출신 아버지를 두었다는 점은 선수로 성장하는 데 큰 도움이 된다는 것을 알 수 있다. 그러나 뭐든지 선을 적절히 지키는 것이 좋다. 특히나 SNS의 발달로 '보는 눈'이 사방에 있는 오늘날 NBA에서는 더더욱 그렇다. 닥 리버스 감독과 아들 오스틴 리버스 이야기다. 닥 리버스는 1980~1990년대 애틀랜타 호크스와 뉴욕 닉스 등에서 뛴 포인트가드였다. 그는 2라운드에 지명됐음에도 불구하고 올스타(1988년)가 되는 등 근성있는 플레이어로 평판이 나쁘지 않았다. 은퇴 후 감독이 되어서도 '언더독' 팀을 플레이오프에 올리는가 하면, 2008년에는 보스턴 셀틱스의 우승을 이끌면서 명성을 키웠다. 다만 2015년 1월, 아들을 트레이드로 영입하면서 '공과 사를 구분 못한다'는 비판을 받아야 했다. NBA에서 '감독' 아빠와 '선수' 아들이 함께 뛰는 건 이때가 역사상 처음이었는데, '역사적 만남'에 대한 보도 이후에는 부정적 의견도 뒤따랐다. 사실, 듀크대 출신의 오스틴 리버스는 2012년 드래프트에서 전체 10순위에 지명됐던 꽤 괜찮은 기량의 유망주였다. 하지만 리버스 감독의 '아들 영입'은 얼마 지나지 않아 고운 시선보다는 안 좋은 시선이 많아졌다. 《ESPN》을 비롯한 몇몇 매체들은 "리버스 감독이 아들을 편애한다"는 보도를 내기도 했고, 크리스 폴을 비롯한 베테랑 선수들이 팀에 불만을 갖고 있는 이유라 지적하기도 했다. 특히 이런 비난은 2016년 비시즌, 클리퍼스가 오스틴 리버스와 3년간 3,300만 달러에 계약했을 때 최고조에 이르렀다. 당시 감독인 닥 리버스는 선수 영입과 계약에 대한 전권까지 갖고 있었기 때문이다. 실제로 오스틴 리버스와 비슷한 기록을 내던 선수들의 연봉이 현저히 낮았다는 것이 알려지면서 리버스 감독은 곤경에 빠지기도 했다. 오스틴 리버스는 2017-2018시즌 이후 클리퍼스를 떠났다. 한편, 닥 리버스는 스테픈 커리의 친동생, 세스 커리의 장인이기도 하다. 2019년 9월, 세스 커리는 리버스 감독의 딸 캘리 리버스와 결혼했다.

02

특별한 선수가
될 것이란 믿음

데이비슨 대학은 커리의 집에서 그리 멀지 않은 곳에 있었다. 가족애가 강했던
커리는 부모님의 전폭적인 지지 아래 선수의 꿈을 키워갔다. 2021년 이혼 소송으로
세간을 떠들썩하게 했지만, 한때 스테픈 커리가 뛰는 농구장에서는 델 커리 부부의
모습을 항상 발견할 수 있었을 정도로 금슬이 좋았다. 그들에게 아들의 경기는
언제나 NBA 플레이오프와 같은 가치가 있었다. 단 몇 분을 뛰든,
몇 점을 올리든 말이다. 스테픈 커리는 그런 부모님의 지지가 있었기에
자신이 성장할 수 있었노라고 말하기도 했다.
그런 커리에게 가족만큼이나 의미가 있는 곳이 바로 데이비슨 대학이다.
맥킬롭 감독은 커리에게 아버지만큼이나 중요했다. 자신을 알아봐주고, 자신을
스타로 만들어주었으니 말이다. 1학년 때 슈터로, 2학년 때는 주득점원으로,
그리고 3학년 때는 NBA에 가고도 남을 '전국구 스타 유망주'로 성장시켰다.
맥킬롭 감독은 커리를 강하게 키웠다. 훈련에 지쳐 포기할 기미를 보일 때면
"이대로 포기자(surrender)가 될 거니?"라고 재차 물으며 제자를 자극했다.
스테픈 커리는 훗날 이 과정에 대해 "감독님이 그렇게 물어보시면 난 '계속
싸우고 싶다'고 말했습니다. 우리는 매일매일 그렇게 싸웠어요. 처음 뵌 날부터
지금까지 저를 믿고 지지해주셨죠"라고 말했다.
커리의 말은 사실이다. 데이비슨 대학에서의 첫 시즌이었던 2006-2007시즌,
맥킬롭 감독은 관중들 앞에서 커리를 '특별한 선수'라고 소개했다. 일찌감치 팀의

스테프^{Steph}는 덩크를 잘 하는 선수가 아닙니다. 실책도 범하곤 하죠.
하지만 상대 공을 가로챌 줄 알고, 리바운드도 잡아내며,
더블스크린을 타고 나와 3점슛도 꽂을 수 있는 선수입니다.
승부처에서 빅 플레이도 펼칠 줄 알죠. 그게 이 친구를 특별하게 만들어줍니다.
단순히 우리 학교나 우리 컨퍼런스가 아니라, 전국에서 통할 친구입니다.

밥 맥킬롭 데이비슨 대학

기대주로 낙점한 것이다. 당장은 완전하지 않지만 시간이 지날수록 정말 대단한 선수가 될 것이라며 말이다. 첫 공식전부터 유별났다. 2006년 11월 11일, 미시건에서 열린 이스트 미시건 대학과의 경기. 이날 커리는 벤치에서 교체선수로 출전했지만 코트에서 가장 오래 뛴 선수로 기록됐다. 기록도 별났다. 35분간 커리는 15득점 5리바운드 3어시스트를 기록했다. 변변한 스카우트 제의조차 거의 없었던 신입생의 데뷔전치고는 나쁘지 않은 기록이지만, 실책이 무려 13개였다.

맥킬롭 감독은 커리가 실수를 남발해도, 커리를 빼지 않았다. 그를 계속 믿고 밀어준 것이다. 자신감을 얻은 커리는 바로 다음날 열린 미시건 대학과의 경기에서 32득점 9리바운드 4어시스트로 화답했다. 모두 팀내 최다.

비록 팀은 68–76으로 패했지만 자신이 그런 스포트라이트를 누릴 자격이 있음을 입증한 것이다. 팬들은 커리가 공을 잡을 때마다 기대하기 시작했다. 마이클 조던, 코비 브라이언트 등 시대를 풍미한 스코어러들과는 또 다른 유형의 '판타지 스타'가 될 가능성이 보였다. 조던과 코비가 뛰어난 탄력을 앞세워 '우아하게' 이륙했다면 커리는 체구는 작지만 요리조리 수비 틈을 빠져나가면서 절묘하게 슈팅을 성공시켰다. 상대에게 밀려 넘어지면서도 기어이 슛을 성공시켰고 때로는 '서커스 샷'이라 불릴 정도로 해괴한(?) 포즈로 레이업을 넣고 마는 그 모습에 사람들은 열광했다.

그러한 커리 기세에 힘입어 데이비슨 대학은 시즌 첫 10경기를 7승 3패로 시작했고, 더 나아가 29승 4패로 시즌을 마쳤다. 데이비슨 대학 역대 최고 성적(27승 3패)은 이미 갈아치웠다.

커리는 전체 33경기 중 21경기에서 팀내 최다득점을 기록했다. 하이라이트는 서던 컨퍼런스 토너먼트 결승전.

찰스턴 대학을 상대로 29득점을 성공하며, 폭발적인 공격력으로 팀을 우승(72–65)으로 이끌었다. 컨퍼런스 토너먼트 우승 덕분에 데이비슨 대학은 전국 최고의 무대에 이름을 올리게 된다. 바로 NCAA 챔피언십 토너먼트다. 컨퍼런스 토너먼트가 '지역 최강'을 가린다면, NCAA 챔피언십 토너먼트는 '전국 최강'을 가린다. 풋볼, 농구 할 것 없이 프로스포츠 이상의 관심을 받는 대회다. 전국에서 실력이 가장 좋은 64개 대학이 나와 자웅을 겨룬다. 프로와 달리 단판제이기 때문에 실력과 담력도 있어야 한다. 그래서 이변도 잦다. 이 기간만큼은 지역팬들, 대학 동문들이 대동단결하기에 방송 시청률도, 티켓 판매도, 그리고 방송 광고 수익도 어마어마하다. 2020년부터는 팬데믹 때문에 정확히 집계가 되지 않았으나, 2019년 1부 대학(디비전 I) 토너먼트의 경우 36경기 총 관중이 68만 9천 명이 넘었다. 평균 관중은 19,159명. 이 정도면 NBA를 능가한다고 해도 과언이 아니다. 엔터테인먼트 TV 프로그램의 경우 아예 토너먼트 경기를 피해 편성할 때도 있으니 말이다. 16강, 8강 정도만 진출해도 동네가 난리가 난다. 취재를 하면서 만난 대다수 프로선수들은 자신의 가장 잊지 못할 순간으로 NCAA 토너먼트 경기를 빼놓지 않았다. "내가 마치 비틀즈 같은 락 스타가 된 기분이었습니다. 모두가 저를 환영해주고 칭찬해주셨죠. 열기가 엄청났습니다. 아마 평생 잊지 못할 것 같아요. 그때가 늘 그립기도 하고요." 2000년, 노스캐롤라이나 대학을 4강전에 올려놨던 센터, 크리스 랭이 내게 털어놓았던 말이다.

데이비슨 대학은 아직 우승 경험이 없다. 최고 성적은 8강 진출. 이마저도 1969년이 마지막이었다. 커리의 선전으로 토너먼트 티켓을 따낸 데이비슨 대학은 기대에 부풀었다. 한 시즌 동안 그는 위기의 순간마다 날카로운 패스와

3점슛을 터트려주며 전국구 유망주로 떠올랐다.
맥킬롭 감독은 토너먼트 티켓 획득 직후 《ESPN》
인터뷰에서 자신의 애제자를 이렇게 평가했다.
"스테프(Steph)는 덩크를 잘 하는 선수가 아닙니다. 실책도
범하곤 하죠. 하지만 상대 공을 가로챌 줄 알고, 리바운드도
잡아내며 더블스크린을 타고 나와 3점슛도 꽂을 수 있는
선수입니다. 승부처에서 빅 플레이도 펼칠 줄 알죠. 그게
이 친구를 특별하게 만들어줍니다. 단순히 우리 학교나,
우리 컨퍼런스가 아니라 전국에서 통할 친구입니다."
첫 번째 토너먼트 경기가 시작될 무렵부터 그렇게 커리는
'판타지 스토리'의 주인공이 되어 있었다. 그러나 첫 도전은
녹록치 않았다. 1라운드에서 만난 상대는 메릴랜드 대학.
중서부 지역 4번 시드를 배정받은 학교로, 훗날 NBA에
가게 되는 그레비스 바즈케즈와 D.J 스트로베리 등이
두각을 나타냈던 팀이었다. 이에 반해 데이비슨 대학
중서부 지역 13번 시드였다. 커리는 30득점으로

고군분투했지만 전력 차이를 뒤집기에는 역부족이었다.
상대 집중견제 탓이었을까. 그는 마지막 6개의 슛 중 5개를
실패하는 등 체력적으로도 지친 모습을 보였다.
데이비슨 대학도 동반침체. 마지막 5분 51초 동안
단 한 골을 넣는 데 그치며 70-82로 패배하며, 축제에서
물러났다. 첫 관문 통과조차 실패했지만, 커리에 대한 평가는
1년 만에 완전히 달라졌다. 메릴랜드 대학의 개리 윌리엄스
감독은 "저 친구는 '진짜'입니다. 경기가 끝난 뒤 커리에게
직접 말해줬어요. '넌 어디서든 뛸 수 있는 선수였어'라고요"
라며 혀를 내둘렀다. '신입생' 커리는 34경기에서 122개의
3점슛을 성공시켰다. 유구한 역사를 자랑하는
NCAA 대학농구 역대 신입생 중 최다 3점슛 성공
기록이었다(이 기록은 2019년 3월, 디트로이트 머시
대학의 앤트완 데이비스가 새로 썼다. 2018-2019시즌에
그는 132개의 3점슛을 성공시켰다).

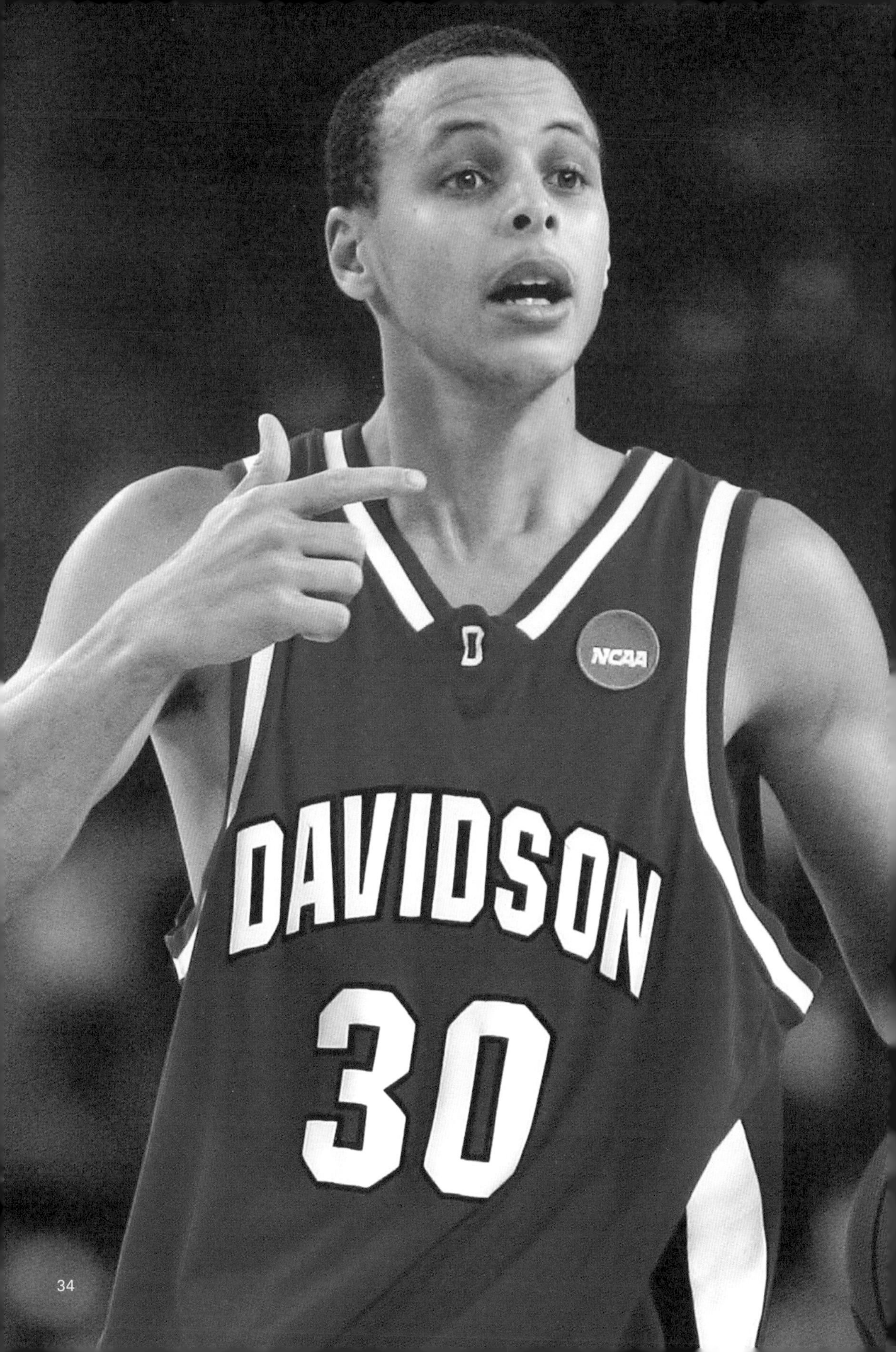
NCAA
DAVIDSON
30

03

'다음 레벨'의 가능성을 보다

"아마도 데이비슨 대학 2학년 때였을 겁니다. 디비전 I의 강팀들과 경기하는
일정이었는데, 경쟁력을 보여주었죠. 다음 레벨로 갈 만한 재능이라는 걸
확인했어요. 무엇보다 잘 하고 싶어하고, 이기고 싶어하는 의지가 있었습니다."
스테픈 커리가 NBA에서 성공한 뒤 부친 델 커리의 인터뷰도 많이 늘었다.
그는 은퇴 후 샬럿 호네츠 구단의 지역 중계 해설위원으로 활동해왔다. 중계가
없는 날에는 아들의 경기를 보러 와서 화면에도 많이 집히고 사인과 사진 요청도
밀려 들었다. 언젠가 취재를 갔을 때도 그는 복도에서 팬들 사이에 둘러싸여
사인을 해주고, 사진을 찍어주느라 바빴다. 그러면서도 그는 웃음을 잃지 않고
있었는데, 그 장면을 보니 한 기자회견 내용이 생각났다. 아마도 커리가 대성공을
이루고 난 뒤였을 것이다. "아버지 입장에서는 꿈을 이룬 것이나 다름없습니다.
저는 NBA에서 16시즌을 뛰었어요. 그런 저를 보고 자란 아들이 제 발자취를
따라와 더 높은 레벨에 도달했으니 어찌 기쁘지 않을 수 있을까요?"
그런 델 커리가 가장 많이 들은 질문은 "아들에게서 언제 (NBA 스타가 될)
가능성을 보았나?"였다. 아마도 이런 질문을 한다는 것은 스테픈 커리의 '언더독'
스토리를 대충이라도 들어봤기 때문일 것이다. 아버지가 그때 언급한 시즌이
바로 커리가 2학년이었던 2007-2008시즌이었다. 이 시즌 데이비슨 대학의
스케줄 난이도는 2006-2007시즌과 확실히 달랐다. 개막전부터 노스캐롤라이나
대학과 만났고, 이어 11월에 듀크, UCLA, 노스캐롤라이나 주립대 등이 뒤를
이었다. 강팀들과 만나는 것은 여러 의미가 있다. 감독 입장에서는 팀의 현재
위치를 냉정하게 파악할 수 있다. 맥킬롭 감독은 2006-2007시즌 마지막 경기가
되었던 메릴랜드 대학과의 경기가 끝난 뒤에도 "우리가 져서 아쉽지만 반대로
우리 위치를 알게 되어서, 그리고 아직 더 나아질 여지가 있다는 것을 확인할 수
있어서 기뻤습니다"라고 말한 바 있다. 두 번째로 노스캐롤라이나, 듀크 정도
되는 팀들 경기는 기본적으로 《ESPN》을 비롯해 전국적인 규모의 네트워크를
통해 중계된다. 자신들을 더 많은 이들에게 알릴 수 있다. 더 나아가 팀이
경쟁력을 보인다면 광고나 후원 등 금전적인 면에서도 도움이 된다. 커리는

1학년 때 이런 기회를 많이 누리지 못했다. 미시건(68-78), 듀크(47-75) 등 몇 번 기회가 있었지만 완패했다. 이 정도 '농구 명문'에 들어가는 유망주들은 아마도 고교 시절에 커리보다 몇 배는 더 많은 스포트라이트를 받고, 입학 제안을 받았을 것이다. 아디다스 캠프, 나이키 캠프 등 스타급 유망주들만 참가할 수 있는 캠프에도 제 집 드나들 듯 다녔을 것이다. 커리 입장에서는 아주 좋은 도전 상대였고, 경쟁력을 확인하게 충분했던 무대였다.

그리고 아버지의 말처럼, 커리는 이를 입증했다. 1년 전에 28점차로 대패했던 듀크를 거의 이길 뻔했다. 막판 실책 때문에 결국 73-79로 지긴 했지만 1년 사이 한층 더 성장한 팀을 확인할 수 있었다. 이들은 전반에 16점차로 지고 있었으나 종료 2분 37초를 남기고 5점차(65-70)까지 쫓았다. 그 추격의 주역이 바로 커리였다. 커리는 20득점을 기록하며 분위기를 주도했고, 승패를 떠나 그것만으로도 화제가 되기에 충분했다. 노스캐롤라이나 대학전도 대단했다. 노스캐롤라이나 대학은 시즌 전 유력 우승후보 1순위로 꼽혔던 팀이다. 실제로 이 시즌에 4강전까지 진출했다. 웨인 엘링턴, 대니 그린, 타이 로슨, 타일러 핸스브로 등 모두가 NBA 진출 대상이었고, 실제로 NBA에서 오랫동안 경력을 쌓은 선수들이다. 그런 노스캐롤라이나 대학이 패배 직전까지 몰렸다. 커리는 24득점을 기록하며 상대를 몰아붙였다. 비록 경기는 68-72로 졌지만, 《AP》는 이날 헤드라인으로 '메이저(major) 무대에서 노는 대학이 작은 학교에게 물릴 뻔했다'고 내세우며 데이비슨 대학을 높이 평가했다. 아버지의 평가처럼 커리는 이들과의 경쟁을 통해 성장해갔다. 그는 "전국 최강팀들을 이길 뻔했어요. 작년보다 나아지고 있다는 걸 확인했죠. 하지만 진 건 진 겁니다. 갈 길이 멀어요. 다만 아직 기회는 더 많이 남아있습니다"라며 의욕을 보였다.

2007년 12월 22일. 2007-2008 정규리그에서 데이비슨 대학이 패배를 기록한 마지막 날이었다. 노스캐롤라이나 주립대에 1점차로 아깝게 패한 뒤, 그들은 무려 22연승을 달리며 컨퍼런스를 지배했다. 그리고 2시즌 연속 NCAA 챔피언십 토너먼트 진출에 성공했다. 커리는 성장했다. 36경기에서 25.9득점 4.6리바운드 2.0스틸의 기록을 남겼고, 3점슛은 10.3개를 시도해 4.5개를 넣었다. 성공률은 무려 43.9%. 사실상 커리 외에는 NBA급 재능이 없는 팀이었기에, 상대가 지속적으로 집중견제를 가했다는

점을 감안하면 이 성공률은 경이로운 수준이었다.

그렇지만 진짜 '신화'는 그때부터였다. 데이비슨 대학은 1라운드에서 곤자가 대학을 82-76으로 제압했다. 커리는 무려 40득점을 터트렸다. 그것도 후반 20분 동안 30득점을 몰아넣었다. 맥킬롭 감독은 "브로드웨이에서 오프닝 공연을 하는 스타 같았다"라고 표현했다. 그야말로 커리가 휘어잡은 무대였다. 수십 차례 스크린을 이용해 오픈찬스를 만들었고, 상대가 거세게 몰아붙여 중심을 잃은 상태에서도 기어이 슛을 성공시켰다. 심지어 시간에 쫓겨 왼손으로 플로터를 던졌는데 이게 들어가기도 했다 (커리는 오른손잡이다). 곤자가 대학 전 승리로 데이비슨 대학은 2라운드에 진출했다. 이는 큰 의미가 있었다. 마지막으로 1라운드를 통과한 것이 1969년이었기 때문이다. 커리가 무려 39년 만에 학교를 승리로 이끈 것. 곤자가 대학 선수들은 커리를 쫓아다니다 지쳤다고 고백했다. "누구 한 명을 막으려고 이렇게까지 쫓아다녀본 적이 있었나 싶습니다. 그리고 그 친구는 동료들을 어떻게 활용해야 할 지 너무나 잘 알고 있었습니다. 그런 쪽으로는 도가 튼 것 같아요." 당시 곤자가 대학 주득점원 스티븐 그레이의 말이다.

커리의 행진은 여기서 끝나지 않았다. 이어진 상대는 중서부 지역 2번 시드였던 조지타운 대학이었다. 218cm의 거구 로이 히버트가 지키고 서있는 조지타운 대학은 NCAA 토너먼트 진출팀 중 가장 수비가 좋은 팀 중 하나였다. 실제로 전반만 해도 데이비슨 대학은 패색이 짙었다. 팀은 전반 내내 고전했고, 급기야 17점차까지 밀렸다. 상대 수비에 꽁꽁 묶인 커리는 첫 12개의 슛 중 10개를 놓쳤다. 이대로 '좋은 경험'만 한 채 짐을 싸야 할 분위기였다. 그러나 이번에도 후반에 반전이 일어났다. 3점슛 소나기를 퍼부으며 경기를 뒤집어 버린 것이다. 당시 《AP》는 '번개같이 빠른'이라는 수식어로 커리의 움직임을 묘사했고, 해설위원은 "대단한 선수라는 표현만으로는 충분하지 않다"며 혀를 내둘렀다. 날렵한 동작으로 동료들의 스크린을 타고 나와 슛을 던졌고, 슛이 막히면 돌파를 이용해 재치있게 마무리했다. 그러나 나는 이 경기의 의미를 단순히 '슛'에서만 찾아선 안 된다고 생각한다. 커리는 자신에게 몰리는 수비를 역이용해 절묘하게 패스를 찔러줬다. 커리가 기록한 어시스트는 5개였지만, 이 5개의 어시스트가 상대를 혼란스럽게 했다. 상대가 흔들리자 그 다음은 커리의

원맨쇼로 이어졌다. 커리는 자신의 마지막 9개 숏 중 6개를 성공시켰고, 마지막 23초 동안 6개의 자유투를 얻어 5개를 넣었다. 전국의 강호가 또 한 번, '선택받지 못한' 유망주에게 호되게 당하는 순간이었다. 대망의 16강. 데이비슨 대학의 기세는 하늘을 찌를 듯했고, 반대로 3번 시드였던 위스콘신 대학은 오히려 약체처럼 보일 정도였다. 커리는 33득점을 기록했고, 팀은 73-56으로 손쉽게 승리했다. 이 경기를 통해 커리는 새 기록을 하나 남긴다. 토너먼트 첫 4경기(2007년 1라운드 포함)에서 모두 30득점 이상을 올린 역대 4번째 선수가 된 것이다. 클라이드 러블렛(캔자스 대학), 제리 채임버스(유타 대학), 글렌 로빈슨(퍼듀 대학)의 계보를 이은 것인데, 세 선수 모두 미국 대학농구 역사에서 '득점력'을 이야기할 때 빠지지 않는 인물이기도 했다. 기록을 떠나 위스콘신전은 커리에게도 특별한 기억으로 남아있다. 당시 NBA 최고 선수로 떠오르던 르브론 제임스가 경기를 보러왔던 것이다. 르브론은 데이비슨 대학 응원석에 앉아있었는데, 커리의 플레이를 보면서 깜짝깜짝 놀라는 장면이 화면에 포착되어 화제가 되기도 했다. 이튿날 그는 자신의 트위터에 커리의 영상을 리트윗하면서 "난 커리가 특별한 녀석이란 걸 알고 있었지! 이게 바로 내가 가까이에서 저 친구를 보러간 이유야!"라고

남기기도 했다.

커리는 경기 후 기자회견에서 "르브론이 온 것을 알고 있었나"라는 질문에 "르브론 제임스 같은 스타가 보러와 줘서 너무 기뻤어요. NBA 최고의 선수잖아요. 그런 선수가 우리를 응원해준다니 정말 기분 좋은 일입니다"라고 말했다.

그러나 데이비슨 대학의 뒤집기 행진, 커리의 30+득점 행진은 다음 무대인 8강에서 멈추고 만다. 그 해 우승팀 캔자스 대학을 넘기에는 깊이와 높이가 모두 밀렸던 것이다. 이 경기는 극단적인 저득점 경기였다. 양 팀 다 수비에 치중한 결과였다. 캔자스 대학은 커리를 묶는데 사활을 걸었고, 그 와중에도 커리는 25득점을 기록했지만 생산력이 많이 떨어졌다. 캔자스 대학은 핵심멤버 마리오 챠머스, 브랜든 러시 등으로 하여금 스위치(switch) 수비를 하게 했다. 커리가 스크린을 이용하든 뭘 하든 흔들리지 말고, 누구든 커리에게 틈을 주지 말고 달라붙으라는 지시였다. 결과적으로 이날 커리가 시도한 3점숏은 16개였으나, 들어간 건 단 4개 밖에 되지 않았다. 데이비슨 대학은 마지막까지 물고 늘어져 '한 골차' 싸움을 만들었다. 57-59. 단 한 골만 들어가면 연장이든 역전이든 이룰 수 있었지만, 커리가 캔자스 대학의 더블팀 수비에 막혀 숏 던질 기회조차 잡지 못하면서 영화 같은 시즌은

막을 내리고 말았다. 캔자스 대학의 리더였던 쉐런 콜린스는 "커리는 정말 굉장한 선수였습니다. 움직임이 굉장히 많았는데, 다 잡아내기란 결코 쉽지 않았습니다"라며 상대 에이스를 극찬했다.

비록 패했지만 커리는 낙담하지 않았다. 오히려 자랑스러워했다. "우리는 우리 학교 역사를 썼잖아요. 우리가 이 정도까지 하리라고는 누구도 기대하지 않았죠. 우리가 이룬 성과가 자랑스럽습니다. 4강전 직전에 이런 식으로 패해 아쉽긴 하지만 그래도 우린 잘 했습니다."

나는 뭐든지 할 수 있다

I CAN DO ALL THINGS. 커리의 좌우명이다. 언젠가부터 커리는 자신의 농구화에 이 문구를 새기기 시작했다. 그를 후원하는 언더아머도 이 문구를 커리의 슬로건처럼 활용해왔다. '난 뭐든지 할 수 있다'라는 문구는 커리를 지탱하는 주문과도 같았다. 처음 매체에 이 문구가 소개된 것은 2007-2008시즌 토너먼트였다. 하얀 농구화에 손수 이 문구를 적어놓은 것이 기자들에게 포착된 것이다. 누구도 거들떠보지 않던 유망주에서, 토너먼트 무대를 휘어잡은 주연이 되자 많은 이들이 커리의 일거수일투족에

집중하기 시작했다. 즐거움, 희열, 기쁨, 후련함 등. 인터뷰를 보고 있노라면 스포트라이트를 대하는 커리의 자세가 어떠했는지 알 수 있다. 커리를 인터뷰할 때면 필자 역시 그 감정이 고스란히 느낄 수 있었다.

그는 주목받는 이 순간을 진심으로 즐기고 뿌듯해하고 있었다. 동시에 겸손함과 책임감도 갖고 있었다. 토너먼트 기간 중, 한 기자가 득점력의 비결에 대해 묻자 커리는 이렇게 답했다. "득점 찬스를 잡기 위해서는 인내심을 갖고 계속 움직여야 합니다. 그렇지만 저 혼자 힘으로는 불가능합니다. 데이비슨 대학이 갖고 있는 시스템이 있어야 해요."

이러한 화법은 아버지 델 커리의 방식과도 비슷하다. 델 커리도 같은 기간 가진 인터뷰에서 "맥킬롭 감독님이 매일매일 발전의 길로 이끌어주셨습니다. 하지만 무엇보다 중요한 건, 동료들입니다. 팀 동료들을 잘 만난 게 복이라 생각해요. 그들은 아들이 스포트라이트를 받는 것을 인정하고 밀어주었습니다. 그리고 그들은 함께 즐기고 있습니다"라고 말했다. 자신의 실력을 입증했으니 우쭐해질 법도 한데, 커리는 마냥 들뜨기 보다 함께 해온 동료들을 챙겼다.

커리와 원-투 펀치 역할을 했던 제이슨 리처즈도 같은 말을 했다. NCAA 챔피언십 토너먼트 중 가진 기자회견에서

"저는 고교시절에도 이 친구가 플레이하는 것을 봤어요.
스타일은 지금과 크게 다를 바 없지만, 그때보다 훨씬 더
강해진 것 같아요. 지난 2시즌 동안 엄청나게 발전했습니다.
정말 어마어마한 일들을 해내고 있죠. 1학년 입학 전에도
연습경기를 종종 했는데, 매일매일 나아질 수 있다는
믿음과 실력이 있는 선수입니다. 그래서 함께 하는 것이
정말 재밌고 좋습니다"라고 말했다.

흥미롭게도 커리의 득점이 높아질수록, 키도 함께 자랐다.
고교 졸업반 시절, 180cm 초·중반대였던 커리의 키는
2008년에 190cm까지 자랐다. NBA 기준에서 봤을 때는
여전히 작은 키이지만, 그래도 190cm대 신장까지 컸다는
것은 의미가 있었다. 밥 맥킬롭 감독도 20대가 되어서도
키가 자라는 것을 신기하게 느꼈는지 매일 오늘도 키가 좀
자랐냐며, 농담을 던졌다는 후문이다.

커리의 명성도 높아졌다. 《ESPN》에서는 '커리를 어떻게
막아야 하나'라는 주제로 전문가들이 분석을 하기 시작했다.
매 경기마다 많은 대학 팀이 새로운 수비를 들고 나왔다.
로욜라 대학은 경기 내내 커리를 더블팀 했다. 아예 공조차
못 잡게 한 것이다. 이 수비는 '극단적'이라는 이유로 관점에
따라 '악명 높은 수비'로도 보일 수 있고, '좋은 아이디어'로도
보일 수 있다. 로욜라 대학 지미 팻소스 감독은 3명을 골밑에
배치한 뒤 지역방어로 커리 외에 다른 4명을 막게 했다.
그리고 다른 2명은 경기 내내 커리 앞에 세워뒀다.
말 그대로, 그냥 세워뒀다. 아무 것도 하지 못하게.
오로지 커리만 바라보게 말이다.

그 결과 커리는 경기 중 겨우 3개의 슛 밖에 던지지 못한 채
무득점에 그쳤다. 당시 로욜라 대학의 팻소스 감독은
"오늘밤 우리는 NBA 선수를 상대한다고 생각했어요"라고
말했다. 그의 발상은 기발했다. 어차피 전력 차이가 확연해서
질 거라면 커리라도 무득점으로 막자는 심산이었던 것이다.
인터뷰에서 그는 "사람들은 우리를 데이비슨 대학에게
30점차로 진 팀이라 기억하기보다는 커리를 무득점으로
묶은 팀이라 기억할 것입니다"라고 말했다. 실제로 이날
로욜라는 커리에게 점수를 내주진 않았지만, 48-78로 졌다.
그러나 유튜브에서 인기를 얻은 검색어는 '커리를
무득점으로 막았다(Loyola held Curry scoreless)'였다.
3학년이 된 커리의 전국적 위상이 어느 정도였는지 알 수
있는 대목이었다.

커리는 3학년이 되면서 또 한 번 도전을 한다.
포지션 변경이다. 1~2학년 때 커리는 슈팅가드 역할을

맡았다. 장점인 슈팅을 극대화하기 위한 맥킬롭 감독의
복안이었다. 그의 곁에 제이슨 리처즈라는 좋은 패서
(passer)가 있다는 점도 유효했다. 리처즈는 커리와 함께 뛴
마지막 해(2007-2008시즌)에 전미 어시스트 1위(293개)를
차지했고, 데이비슨 대학농구부 역사상 가장 많은 어시스트
(통산 663개)를 기록했다.

그러나 리처즈가 졸업하면서 맥킬롭 감독은 커리에게
볼 핸들러 역할까지 맡겼다. NBA에서 뛰기 위해서는
궁극적으로 경기를 이끌 수 있는 능력도 증명해야 한다는
이유도 있었다. 물론 커리에게 낯선 포지션은 아니다.

최소한 3번 이상 그의 방향을 바꾸게 만들면 좋고, 결국엔 공을 포기하고 패스를 하게 만들면 더 좋다."

2008년 12월 9일, 미국농구의 '성지' 뉴욕 메디슨 스퀘어 가든에서 열린 웨스트 버지니아 대학 전은 이를 단적으로 보여준 경기였다. 웨스트 버지니아 대학은 커리를 거칠게 몰아붙였다. 커리의 매치업 상대로 무려 4명이 투입됐다. 웰링턴 스미스(198cm), 존 플라워스(201cm), 드션 버틀러(201cm), 데빈 이뱅크스(206cm) 등 모두 커리보다 신장이 월등하고 기동력이 좋은 선수들이었다. 그들은 커리가 끊임없이 방향 전환을 시도해 지치게 만들었다. 래리 브라운 감독의 표현대로 '좋은 수비'를 한 것이다. 커리는 첫 13개의 슛 중 12개를 실패했고, 패스도 시원찮았다. 이날 그는 10개의 어시스트를 기록했지만 실책도 8개나 됐다. 설상가상으로 리바운드도 많이 뺏겼다. 웨스트 버지니아 대학의 밥 허긴스 감독도 경기 후 인터뷰에서 "커리를 제법 잘 막았다"라고 말했다.

하지만 경기가 끝났을 때 웃으며 코트를 나선 쪽은 커리였다. 뒤늦게 감을 잡은 그가 결정타를 꽂으며 승리를 주도한 것이다. 비록 승리하긴 했지만 커리의 숙제는 명확해 보였다. 득점력은 일단 인정받았다. 이 경기처럼, 커리는 3학년이 된 뒤에도 꾸준히 33득점, 44득점, 39득점, 44득점, 41득점씩을 기록하며 관중들을 열광시켰다. 게다가 키도 190cm대까지 자랐다.

그렇지만 여전히 NBA에서 슈팅가드로 뛰기에는 작은 키임은 분명했다. 2008-2009시즌 NBA 득점 랭킹 상위권에 오른 슈팅가드, 스몰포워드들을 보자. 드웨인 웨이드(193cm), 코비 브라이언트(198cm), 브랜든 로이(198cm), 조 존슨(201cm) 등 대부분 신장이 좋았다. 웨이드는 신장은 다소 작았지만 엄청난 스피드와 괴물 같은 운동능력, 그리고 거구에도 밀리지 않을 탄탄한 몸을 갖고 있었다. 물론, 토니 파커(188cm), 데빈 해리스(193cm) 같이 작은 키에도 평균 20득점 이상을 올리는 포인트가드도 있었고, 벤 고든(190cm)이나 제이슨 테리(188cm)처럼 신장이 작아도 슈팅가드 포지션에서 활용된 선수들도 있었지만, 커리가 이들처럼 잘 풀릴 수 있다는 확신은 없었다. 고든은 클러치 타임에 폭발적인 몰아넣기가 가능한 선수였지만 신장이 작아 수비에서의 매치가 어려웠다. 고든보다 5년 먼저 데뷔한 테리도 '포인트가드 실험'이 실패해 주로 벤치에서 출전하는 '조커' 역할에 만족해야 했다. 그러나 이마저도 코칭스태프가

고등학교 시절까지만 해도 그의 공식 포지션은 포인트가드였기 때문. 도전은 생각보다 쉽지 않았다. 이전까지만 해도 스크린을 이용해 패스를 받아 슛을 던지거나 돌파를 해왔지만, 이제는 시작부터 공을 몰고 넘어와 직접 공격을 조립해야 했다. 동료에게 패스를 건넬 지, 자신이 득점을 시작해야 할 지 선택해야 했던 것이다. 상대는 커리에게 틈을 주지 않았다. 초반부터 강한 압박을 가하며 급하게 만들고자 했다. 미국의 농구 명장 래리 브라운은 한 기고문에서 '좋은 수비'에 대해 이렇게 설명한 적이 있다. "드리블러가 의도대로 하게 하지 못하게 해야 한다.

활용에 대한 의지를 보일 때나 가능한 일이다.
모두가 그렇게 될 수는 없다. 또, "난 훌륭한 식스맨이
될 거야!"라는 목표로 농구를 하는 선수도 없을 것이고,
"우리는 훌륭한 식스맨 자원을 뽑겠어"라는 생각으로
신인을 물색하는 구단도 없을 것이다.
따라서 커리 입장에서는 대학에서의 커리어를 마치기 전에,
자신이 단지 득점을 잘 하고, 센스와 기술이 좋은 선수만은
아니라는 것을 보여야 했다. 포인트가드 포지션에서도
확실한 경쟁력이 있다는 것을 입증해야 했던 것이다.
커리는 이때도 긍정적이었다. "여전히 실수는 좀 합니다.
하지만 익숙해지고 있어요. 압박을 당하는 상황에서도
제 역할을 잘 수행하는데 집중하고 있습니다."
맥킬롭 감독의 지지도 대단했다. 슛이 안 들어가든, 실수가
나오든 오히려 "계속 시도하라"는 지시만이 있었을 뿐이다.
심지어 동료들도 커리에게 "슛이 안 들어가도 주저하지
말라"고 경기 중에 고함을 지를 정도였다. 부침은 있었지만
결과적으로 커리는 이를 잘 이겨냈다. 팀이 필요로 할 때는
득점을 성공했고, 간간히 동료들에게도 찬스를 만들었다.
커리는 마지막 시즌에 28.6득점 5.6어시스트 4.4리바운드
2.5스틸을 기록했다. 28.6득점은 전국 1위였다.
비록 3점슛은 전 시즌보다 줄어 3.8개 성공(성공률 38.7%)에
그쳤지만, 팀을 정규시즌 26승 7패로 이끌었다.
데이비슨 대학에 커리 외에는 프로무대에 드래프트될
만한 선수가 없었다는 점을 감안하면 원맨팀 리더 역할을
훌륭히 했다고 볼 수 있다. 2008-2009시즌, 데이비슨
대학은 NCAA 토너먼트에 오르지 못했다. 서던 컨퍼런스
토너먼트 준결승에서 찰스턴 대학에 52-59로 패하면서
기회를 놓쳤다. 대신 그들은 NIT 토너먼트에 진출하게
되는데, 2라운드에서 세인트 메리스 대학에 패하며
탈락했다. 이 경기는 호주 출신 유망주 패티 밀스와의
쇼다운으로 화제가 되었다(밀스는 훗날 호주국가대표
가드로 성장하며, NBA 샌안토니오 스퍼스에서 9년간 뛰게
된다). 커리는 26득점 9리바운드로 선전했지만, 원정 경기의
벽을 넘어서지 못했다. 다만 앞서 언급했듯, 커리를 제외하면
1998년 이후 NBA 드래프트 1라운드는커녕 NBA 근처에
간 선수가 1명도 없을 정도로 데이비슨 대학은 라인업의
깊이 자체가 부족했다. 그나마 커리의 단짝이었던 리처즈가
기대를 모았지만 하부리그에서 기회만 엿보다 불의의
무릎 부상으로 일찍 은퇴했다. 경기가 끝나자 기자들의
관심은 커리의 진로에 쏠리기 시작했다. 4학년 시즌을

뛸 것인가, 아니면 NBA에 도전할 것인가?
커리가 이 질문에 답을 준 것은 마지막 경기를 치르고
한 달 가까이 지난 2009년 4월 24일이었다. 커리의 답을
듣기 위해 데이비슨 대학 캠퍼스에 수많은 취재진이 몰렸다.
대학에 입학할 때만 해도 누구도 관심을 갖지 않았던 것과는
대조적인 분위기였다. 커리가 어떤 결정을 내렸는지
밝혀지지 않은 가운데, 그의 기자회견은 샬럿 지역에 TV로
생중계될 정도로 뜨거운 관심을 받았다. 부친 델 커리,
모친 소냐, 그리고 감독 밥 맥킬롭이 동석한 자리에서
커리는 '다음 단계'로 향하겠다고 발표했다. "정신적으로나
신체적으로나 이제 점프를 할 준비를 마쳤다고 생각합니다.
아주 어렸을 때부터 가져온 꿈이었습니다."
앞서 《ESPN》을 비롯해 여러 매체들은 커리의 고민이
길어지고 있다고 보도하기도 했다. NBA팀에 지명되지
못할 수도 있다는 걱정 때문은 아니었다. 커리는 애초
학교 졸업도 목표로 하고 있었다. 그러나 데이비슨 대학은
여름 학기 제도를 두지 않고 있었다. 졸업을 하기 위해서는
4학년 시즌을 치르는 수밖에 없었다. 일부 매체는 커리의
기록 달성을 아쉬워하기도 했다. 3년 간 그가 데이비슨
대학에서 올린 총득점은 2,635득점. 성공시킨 3점슛은
414였다. 겨우 3년을 뛰고도 NCAA 1부 대학 역대
득점랭킹 25위에 올랐으니 1년을 더 뛰면 고(故)
피트 매러비치가 1970년에 세운 통산 3,667점 기록도
깰 수 있지 않겠냐는 의견이 지배적이었다. 3점슛 역시
NCAA 사상 4위에 해당하는 기록이었다.
그러나 커리는 대학에서의 모든 과제는 뒤로 한 채,
인생의 새로운 도전을 선택했다. 일각에서는 NBA에서
그보다 더 크고 빠르고, 힘 센 수비자들을 만나 고전할 수도
있고, NBA의 타이트한 82경기 스케줄을 이겨내기는 어려울
것이란 전망도 있었다. 하지만 커리는 자신의 가능성을
의심하는 이들을 향해 이렇게 말했다.
"1학년 때 저를 보신 분들은 아실 겁니다. 사람들이 제게
뭐라고 말했는지요. 사람들은 '대학생들 뛰는 경기에 왜
6학년짜리 어린애를 데려다 놓은 거야?'라고 말했죠.
전 그런 분들에게 제가 할 수 있는 것들을 보여드릴 것이고,
문제가 없을 것이라는 것도 보여드릴 것입니다."

DAVIDSON WILDCATS & BOB MCKILLOP

커리와 이현중의 모교 데이비슨 대학, 그리고 밥 맥킬롭

 우리가 '미국 대학농구'라 부르는 NCAA(National Collegiate Athletic Association)는 농구 이상의 많은 것들을 담고 있다. 명칭 그대로 대학에서 펼쳐지는 수많은 스포츠들을 관장한다. 농구, 풋볼, 야구, 육상, 레슬링 등 그 규모도 어마어마하다. 그중 농구팬들이 주로 접하는 'NCAA 농구'는 '1부 리그(Division I)'를 지칭할 때가 많다. NCAA는 수준과 규모에 따라 1부, 2부, 3부 등으로 구성되어 있는데 농구의 경우 1부 리그에만 무려 350개 대학이 소속되어 있고, 이들은 지역에 따라 32개 컨퍼런스(Conference)로 나눠 토너먼트를 향한 여정을 치른다. 절대다수의 NBA 선수들도 모두 1부 리그에서 배출된다.

지난 30년을 돌아봤을 때, 1부 리그 아래 리그 소속의 대학을 나온 선수는 한 손에 꼽을 정도다. 마이애미 히트의 던컨 로빈슨은 3부 리그의 윌리엄 대학에 먼저 입학한 선수다. 그곳에서 실력을 인정받은 그는 1부 리그의 미시건 대학으로부터 뒤늦게 장학금 제의를 받고 전학을 가 마침내 NBA에 입성할 수 있었다. 2000년대 LA 레이커스의 3년 연속 우승을 도운 데빈 조지는 미니애폴리스의 아우구스부르크 대학 출신인데 이곳 역시 3부 리그 소속 학교다. 그럼에도 불구하고 조지는 레이커스에 1라운드에 지명되었는데, 대학에서의 활약보다는 드래프트 직전에 열린 쇼 케이스에서 두각을 나타내 운이 따른 경우다.

이처럼 수백 개의 학교가 있는 미국이란 나라에서 단 64개 학교만이 오를 수 있는 NCAA 토너먼트에 진출한다는 것은 그만큼 특출난 프로그램과 지원이 없다면 불가능한 일이다. 우승 여부를 떠나 그 자체만으로도 학교 역사에 남을 대성과이기도 하다. 이런 성과를 위해 매년 메이저 대학교들은 유망주 발굴에 열을 올린다. 한때는 경쟁이 과열되어 불법적인 금품거래가 오가는 일도 있었지만, 오랜 시간의 노력 끝에 자정 능력을 갖추게 됐다.

스테픈 커리의 모교 데이비슨 대학은 냉정히 말하면 이 긴 역사의 중심에 서본 일이 많지 않은 학교다. 흔히 농구 명문(high profile program)으로 거론되는 노스캐롤라이나, 캔자스, 켄터키, UCLA, 듀크 등이 소속된 하이 메이저 컨퍼런스에 비하면 규모나 성과 모두 조촐(?)하다. 최고 성적은 8강 진출. 1968년과 1969년,

그리고 커리가 2학년이던 2008년까지 총 3번 진출했다. 1960년대 이후 토너먼트 진출도 한동안 뜸했다. 1970년, 1986년, 1998년 등 10년에 1번꼴로 나갔을 뿐이다. 그러나 정원이 2,000명 정도 밖에 되지 않는 미드 메이저(mid major) 소속의 작은 학교이기에 이들 농구부는 대체로 '골리앗에 대항하는 다윗' 정도로 표현되어왔다.

노스캐롤라이나 주에 위치한 데이비슨 대학농구부는 1907년에 창단했다. 그러나 학교 규모가 워낙 작다보니 좀처럼 두각을 나타내지 못했다. 농구부 선수들 중에는 야구와 풋볼을 병행하는 선수들도 많았다. NBA 선수가 처음 배출된 것도 1965년으로, 프레드 헷젤이 최초였지만, NBA 역사에 이름을 남길 정도는 아니었

다.

이후 데이비슨 대학은 센터 마이크 말로이를 앞세워 2년 연속 NCAA 토너먼트 8강에 오르는 쾌거를 이룬다. 201cm의 말로이는 데이비슨 대학농구부가 받아들인 최초의 흑인 선수였다. 그는 학교에 있는 동안 3년 연속 올-어메리칸에 선정되었으며, 평균 12.9개의 리바운드를 잡아내며 학교 기록을 세우기도 했다. 말로이는 NBA 대신 라이벌 단체였던 ABA에 진출했으며, 이후 오스트리아로 귀화해 오스트리아 국가대표 선수가 되었다.

말로이 시대 이후 큰 학교들의 기세에 눌려 이렇다 할 성적을 내지 못했던 데이비슨 대학은 고(故) 바비 허시 감독의 지휘 아래 1986년, 써던 컨퍼런스 토너먼트에서 우승하며 NCAA 토너먼트에 진출

할 수 있었다(1라운드에서 켄터키 대학에 패).

이후 데이비슨 대학은 1960년대 이후 브랜든 윌리엄스(1996년 NBA 드래프트) 외에 NBA 선수는 배출하지 못했다. 2009년, 스테픈 커리가 나타나기 전까지는 말이다. 아마도 이는 작은 학교 규모와 그저 그런 실적 등이 영향을 끼쳤을 것이다. 애초 NBA에 갈 정도의 재능을 스카우트하지 못했다고도 해석할 수 있다. 따지고보면 커리도 하이 메이저 대학들로부터는 스카우트 제의를 받지 못했던 신세였다.

데이비슨 대학은 A급 유망주들보다는 커리 같은 준척급 유망주들을 뽑아서 학교 프로그램을 유지시키고, 성장시키는데 집중했다. 토너먼트 진출은 하지 못하더라도 컨퍼런스에서는 그래도 나름대로의 명

DAVIDSON

성과 경쟁력을 유지해온 것이다. 그래서 인지 오히려 선수보다는 지도자가 더 명성을 떨쳤는데, 1960년대에는 레프티 드리셀 감독이 토너먼트에서의 성적 덕분에 명성을 얻었고, 1980년대에는 앞서 소개한 허시 감독이 많은 이들의 존경을 받았다. 나이키가 2008년, 그의 작고(2007년)를 추모하며 '바비 허시 메모리얼 데이 클래식(Bobby Hussey Memorial Day Classic)'을 개최했을 정도다.

현재 팀을 이끌고 있는 지도자는 밥 맥킬

롭이다. 1950년생으로, 뉴욕 퀸즈 출신인 맥킬롭은 허시의 뒤를 이어 1989년부터 데이비슨 대학을 이끌고 있다. 2020-2021시즌까지의 통산 성적은 608승 374패. 2007-2008시즌은 학교 역사뿐 아니라 그의 지도자 커리어에서 빼놓을 수 없는 시즌이었다. 2학년 스타 커리와 4학년 가드 제이슨 리처즈를 앞세워 곤자가, 조지타운, 위스콘신 등 내로라하는 강팀들을 무찌르고 8강까지 진출했기 때문이다. 비록 강호 캔자스에 막혀 4강 진출에는

실패했지만 2008년 3월 22일부터 31일까지 이어진 데이비슨 대학의 마법과 같은 승리 행진에 전국이 들끓었다. 또 커리도 이 토너먼트를 기점으로 '유망주'로서의 주가가 절정에 오르기도 했다.

맥킬롭 감독은 커리의 재능을 꿰뚫어보고 그를 스카우트한 것으로 유명해지긴 했지만, 오래 전부터 준척급 재능을 발굴하는 데 일가견이 있었다. 데이비슨 대학은 스포츠뿐만 아니라 대체로 유학생이 많은 학교 중 하나이기도 한데, 농구에서도 아

Bob McKillop

Jim Boeheim ··················	짐 베이하임 시라큐스 대학, 1976년~현재
Michael Krzyzewski ··········	마이크 슈셉스키 듀크 대학, 1980년~현재
Greg Kampe ·················	그렉 캠프 오클랜드 대학, 1984년~현재
Bob McKillop ···············	밥 맥킬롭 데이비슨 대학, 1989년~현재
Ron Cottrell ···············	론 코트렐 휴스턴 밥티스트 대학, 1990년~현재

*단일 대학 최장기간 부임 감독[현역]

1907 ························ 창단 1907년
0 ····················· NCAA 우승 0회
14 ················· NCAA 토너먼트 진출 14회
3 ········· NCAA 토너먼트 최고 성적토너먼트 8강 진출 3회 - 1968, 1969, 2008

시아, 유럽, 오세아니아 할 것 없이 해외 각지에서 원석을 발견, 팀 전력을 보강하는데 집중하고 있다.

그중 한 명이 바로 한국의 이현중이다. 어느덧 일흔을 넘긴 맥킬롭 감독이지만 그는 유망주들에게 확고한 방향을 제시해준다. 커리에게도 매 시즌 새로운 임무를 부여했다. 2학년이 되던 2007-2008시즌에는 "이제 스테픈은 그냥 슈터가 아닙니다. 득점원입니다. 그렇지만 여기서 머무르지 않고, 그는 플레이메이커가 될 수

도 있고 더 엄청난 역할을 맡는 선수도 될 수 있을 것입니다"라며 방향을 제시하기도 했다. 이현중에게도 마찬가지. 슈팅, 수비, 리딩 등 과제를 전달하며 NBA 리거에 걸맞은 실력 향상을 돕고 있는 것이다. 이현중은 맥킬롭 감독에 대해 "나를 손자처럼 대해주신다"라며 고마워하기도 했는데, 실제로 맥킬롭 감독은 방학 중에도 매주 제자들에게 이메일을 보내 안부를 묻는가 하면, 학생이자 선수로서 성장할 수 있도록 과제를 전하고 있다. 데이비

슨 대학은 2014년, 팀이 홈경기를 갖는 체육관 존 M. 벨크 아레나 내 코트 명칭을 '맥킬롭 코트(McKillop Court)'라고 명명했다. 맥킬롭 감독은 2021년 1월 6일, 듀케인 대학과의 경기에서 승리하며 개인 통산 600승 고지를 밟았다.

Baby
Assassin

커리의 넥스트 레벨은 험난했다. 드래프트에서는 여전히 작은 키가 문제가 되어, 상위 지명을 예상하지 않았고,

결국 1라운드 7순위로 골든스테이트에 입단했다. 돈 넬슨은 커리의 시대를 미리 보았고,

골든스테이트는 '커리를 위한 팀'이 되어갔다.

"

저는 그가 올스타 포인트가드가 될 줄 알았어요.
스티브 내쉬 같은 가드 말이죠.
스티브의 경우는 어시스트도 좋지만,
스스로 득점도 노려야 한다고 말하곤 했습니다.
하지만, 스테픈에게는 그럴 필요가 없었습니다.
오픈찬스가 나면 언제든 올라갈 준비가 되어있는 선수였거든요.

돈 넬슨 前 골든스테이트 워리어스 감독

01

너무 작은 최고의 슈터

NBA 신인 선수들을 선발하는 NBA 드래프트는 비시즌 최고의 행사 중 하나다.
NBA 파이널이 끝나고 1주일 뒤쯤 열리는데, 만여 명의 관중이 입장할 정도로
관심이 뜨겁다. 매직 존슨, 마이클 조던, 샤킬 오닐, 코비 브라이언트,
르브론 제임스, 그리고 케빈 듀란트와 스테픈 커리에 이르기까지 수많은 스타들이
이 드래프트를 통해 프로선수의 첫 발을 내딛었기 때문이다. 상위 지명권을 가진
팀들은 미래의 슈퍼스타를 기대하며 스카우팅 리포트를 살펴본다.
드래프트 지명권을 이용해 전력 보강을 노리는 것이다. 이날은 대형 트레이드의
시작일이기도 하다. 2007년 드래프트 당일에는 보스턴 셀틱스가 시애틀
슈퍼소닉스(현 오클라호마 시티 썬더)와의 트레이드로 레이 알렌을 영입,
케빈 가넷과 폴 피어스, 알렌으로 이어지는 '빅 3' 트리오를 결성했다.
'빅 3'의 시초에 대해서는 이야기가 많지만, 전성기를 누리던 스타들이
트레이드로 뭉친 케이스는 이때가 거의 처음이었기에 큰 의미가 있었다.
드래프트 예상도 흥미롭다. '막 드래프트(Mock Draft)'는 전문기자 및 매체들의
정보력을 가늠하는 경연 무대이기도 하다. 그해 헤드라인을 장식할 1~2순위는
대부분 맞아 떨어지지만, 그 뒤가 문제다. 5순위 이내에 지명될 줄 알았던 선수가
예상 외로 미끄러지는 경우도 있다. 그렇다면 커리는 어땠을까? 커리는 2009년
NBA 드래프트 1순위로 거론된 적이 한 번도 없었다. 10순위 이내에 지명될 것은
분명했지만, 그렇다고 상위 지명이 예상되지는 않았다.

당시 커리에 대한 스카우팅 리포트들을 종합, 요약하면
이랬다.

장점	– 드래프트에 참가하는 선수 중 최고의 슈터.
	– 개인기가 뛰어나다.
단점	– NBA에서 뛰기에 너무 작다.
	– 과연 그는 수비를 할 수 있을까?

비록 NCAA 토너먼트 무대를 휩쓸면서 전국구 스타로
올라섰지만 여전히 커리에 대한 의문부호는 존재했다.
과연 그는 자신보다 더 크고, 빠르고, 높이 뛰는 선수들이
수두룩한 프로무대에서, 82경기라는 험난한 스케줄을
이겨내며 자신의 장점을 발휘할 수 있을 것인가?
그리고 그의 진정한 포지션은 무엇인가? 포인트가드?
슈팅가드? 전문가들은 이 질문들에 대한 확신을 갖지
못했던 것 같다. 이 가운데, 커리에게 가장 큰 관심을
보인 구단은 8순위 뉴욕 닉스였다. 뉴욕은 32승 50패로
동부 14위로 2008-2009시즌을 마쳤다. 한마디로 시즌을
망쳤다. 한 시즌 동안 래리 휴즈, 크리스 듀혼,
네이트 로빈슨 등의 가드를 기용했지만 누구도 큰 만족을
주지 못했다. 팀은 스타성을 갖춘 선수를 원했고,
8순위에서 뽑기에 커리가 가장 적당하다고 여겼다.
막 드래프트에서도 커리의 뉴욕행을 점친 곳이 많았다.
뉴욕 매체들도 이런 구단의 의중을 알아챈 듯, 커리를
집중조명했다. 국내 농구전문잡지 《점프볼》의 통신원이었던
민현정은 드래프트 현장을 취재하고 분위기를 전했는데,
당시 뉴욕 메디슨 스퀘어가든에는 'I LOVE CURRY'라는
문구가 적힌 티셔츠를 입은 뉴욕 팬들이 많았다고 한다.
심지어 팬들이 하도 커리의 이름을 외쳐 NBA 행사 진행자가
자중해줄 것을 요청했을 정도였다.
그러나 커리를 호명하며 미소지은 팀은 바로 골든스테이트
였다. 뉴욕보다 한 순위 빠른 7순위로 그를 지명한 것이다.
골든스테이트가 커리를 낚아채자(?) 현장은 원망 섞인
야유로 가득찼다. 특히 뉴욕 팬들의 실망감은 이만저만이
아닌 듯 했다. 뉴욕이 뽑은 8순위 조던 힐 역시 괜찮은
파워포워드였지만, 팬들은 힐이 누구인지 관심이 없어
보였다. 새로운 스타의 뉴욕 입성을 기대했던 기자들도
대놓고 아쉬움을 피력했다.

아니 저 친구를 그냥 지나쳤다고?

그렇다면 커리라는 복권을 얻은 골든스테이트 분위기는
어땠을까? 골든스테이트는 쾌재를 불렀다. 애초 커리의
지명을 추진한 인물은 당시 감독이었던 돈 넬슨이었다.
1940년생인 넬슨은 3점슛과 업템포 농구로 대표되는
'현대 농구'의 시초라고 할 수 있다. 1988년부터 7년간
골든스테이트를 이끌었고, 2006년에 다시 팀에 돌아와
4시즌을 더 맡았다. 그동안 그가 내세운 색깔은 똑같았다.
달리고, 던지고, 또 달리는 농구였다. 비록 우승에 근접했던
적은 없었지만 팬들은 그의 농구를 사랑했다. 많이 넣고,
많이 달리는 시원시원한 농구였기 때문이다. 2007년,
8번 시드로 플레이오프에 오른 골든스테이트는 1라운드에서
1번 시드 댈러스 매버릭스를 꺾는 대이변을 일으킨
적이 있었는데 이때도 넬슨 감독 특유의 업템포 농구가
빛을 발했다. 그는 늘 기발했다. 의도적으로 작은 라인업을
꾸려 스피드로 대항하는가 하면 센터에게 3점슛을 장려했다.

오늘날에는 지극히 자연스러운 일이 됐지만, 1990년대에는, 아니 2000년대 중반까지도 흔한 장면은 아니었다. 그는 커리가 자신이 지향하는 농구에 최적화된 선수라 믿었다. 그래서일까. 커리가 6순위까지도 지명되지 않자 일말의 망설임 없이 커리 선발을 결정했다. "아니, 저 친구를 그냥 지나쳤다고?" 그는 '일생일대의 행운'이라는 표현까지 써가며 커리를 극찬했다. 넬슨이 커리를 높이 산 이유는 멀티 포지션이 가능한 가드라는 점 때문이었다. 볼 핸들링, 패스, 슈팅 등 삼박자를 모두 갖추고 있다며 말이다. "저는 그가 올스타 포인트가드가 될 줄 알았어요. 스티브 내쉬 같은 가드 말이죠. 스티브의 경우는 어시스트도 좋지만, 스스로 득점도 노려야 한다고 말하곤 했습니다. 하지만 스테픈에게는 그럴 필요가 없었습니다. 오픈찬스가 나면 언제든 올라갈 준비가 되어 있는 선수였거든요." 지난 2020년 4월, 샌프란시스코 지역 라디오 방송에 출연해 넬슨이 남긴 말이다.

이는 단장이었던 래리 라일리도 같은 생각이었다. 라일리 전(前) 단장도 제임스 하든과 커리 중 순번에 오는 선수를 뽑으려고 했다. 그는 '미네소타 팀버울브스가 쟈니 플린을 뽑아준 덕분에' 커리를 지명했다며 기뻐했다. 드래프트 당사자였던 커리는 어땠을까? "뉴욕에 가지 못해 실망스럽진 않았습니까?" 기자들은 못내 아쉬운 듯 뉴욕행에 대해 재차 물었지만 커리는 "드래프트에서는 어떤 일이든 일어날 수 있어요. 어느 팀이든 나를 선택해준다면 영광이고, 감사할 뿐입니다"라며 새로운 시작을 반겼다. 한편, 드래프트를 즈음하여 피닉스 선즈는 올스타 포워드 아마레 스타더마이어를 내주는 조건으로 골든스테이트로부터 커리와 몇몇 젊은 선수들을 요구했다. 커리 지명 후에도 소문이 한동안 돌았지만, 래리 라일리와 돈 넬슨은 결과적으로 이를 거절했다.

MVP 2명, 금메달리스트 3명 배출한
DRAFT 2009
NBA

스테픈 커리가 지명된 2009년 NBA 드래프트는 국내에 TV로 생중계된 몇 안 되는 드래프트였다.
《MBC 스포츠플러스(당시 MBC ESPN)》에서 중계되었으며, 필자와 최연길 해설위원이 중계를 맡았다.
이 드래프트는 2명의 MVP와 3명의 올림픽 금메달리스트를 배출했다. 올스타도 6명 나왔다.
르브론 제임스, 드웨인 웨이드, 카멜로 앤써니, 크리스 보쉬 등 9명의 올스타가 나온 2003년에 비하면
주목도는 덜 했지만 자신만의 장점으로 팀과 세계농구계에 영향을 끼친 선수들이 많았다.

Blake Griffin

2008-2009시즌 대학농구 최고의 스타는 **블레이크 그리핀**이었다. 오클라호마 대학 2학년이었던 그리핀
은 점프 하나하나가 마치 이륙하는 느낌을 줄 정도로 엄청난 운동능력을 과시했다. 덩크슛 실력 역시 두
말할 나위가 없을 정도로 위력적이었다. 또, 2학년에 치른 35경기 중 30경기에서 더블-더블을 기록, 역
대 한 시즌 최다 더블-더블(31경기) 2위(역대 1위는 1986-1987시즌 데이비드 로빈슨)에 이름을 올렸다. 그만큼 득
점과 리바운드에서 출중한 능력을 보였는데, 덕분에 그해 최고의 선수에게 주어지는 '올해의 상'을 모두
휩쓸었다. LA 클리퍼스는 긴 고민 없이 그리핀을 1순위로 선발했다. 그리핀은 피로골절로 인해 데뷔를
1년 미뤄야 했지만, 2010-2011시즌 데뷔 후 신인상, 슬램덩크 챔피언, NBA 올스타 선정 등 숱한 영예를
만끽하며 스타 반열에 올라섰다. 또한 크리스 폴과 콤비를 이루어 '랍 시티(Lob City)' 열풍을 일으켰다. 클
리퍼스는 LA 레이커스와 흥행 대결에서도 승리하며 짧게나마 우승의 꿈을 키우기도 했다.

James Harden

그리핀이 데뷔와 함께 확 떴다면, 3순위 **제임스 하든**(오클라호마 시티 썬더)은 서서히 재능을 키워가다 이
적 후 기량이 만개한 케이스다. 하든은 케빈 듀란트, 러셀 웨스트브룩과 무서운 3인방으로 성장, 2011-
2012시즌에는 '올해의 식스맨상'도 수상했다. 그러나 식스맨에 머무르기에는 하든의 실력은 너무나도
뛰어났다. 2012-2013시즌 휴스턴 로케츠로 이적 후 그는 커리와 함께 NBA를 대표하는 득점 기계로 올
라섰다. 득점 1위는 3번이나 차지했고, 2016-2017시즌에는 어시스트 1위 자리에도 올랐다. 기세를 몰아
2017-2018시즌에는 정규시즌 MVP 트로피도 품었다. 2009년 드래프티 중에서는 2015년 커리에 이어
2번째였다.

Demar DeRozan

커리나 하든만큼은 아니지만, **더마 드로잔**도 2009년 드래프트가 낳은 스타로 꼽기에 부족함이 없다.
USC 출신의 드로잔은 토론토 랩터스가 9순위로 지명했다. 카일 라우리와 짝을 이루어 토론토를 한 단
계씩 성장시켰으며, 2018년 샌안토니오 스퍼스로 트레이드 될 무렵에는 토론토 구단 역사상 최다 경기
(675경기), 최다 득점(13,926점), 최다 야투성공(4,391개), 최다 자유투 성공(3,539개) 등 수많은 통산 1위 기록
에 이름을 남겼다. 이처럼 오랜 기간 충성심을 보이며 프랜차이즈 대표 선수로 뛴 드로잔이지만, 유일하
게 이루지 못한 것이 하나 있다. 바로 우승이다. 드로잔은 아마 르브론 제임스를 원망하는 인물 중 하나
일 것이다. 2015-2016시즌은 토론토가 우승에 가장 근접한 시즌 중 하나였다. 이들은 56승 26패로 동부
2위까지 올랐지만 동부 컨퍼런스 결승에서 르브론의 클리블랜드 캐벌리어스를 만나 좌절하고 말았다.

사라진 신인왕

Tyreke Evans

사실 2009-2010시즌이 끝났을 때 가장 각광받은 선수는 따로 있었다. 새크라멘토 킹스가 4순위로 뽑은 **타이릭 에반스**였다. 멤피스 대학에서 1학년만 마치고 데뷔한 에반스는 다재다능한 플레이로 팀을 주도했다. 트리플더블을 기록하는가 하면, 팀의 대역전극을 주도하면서 차세대 얼굴로 기대를 모았다. 첫 시즌 성적은 평균 20.1득점 5.8어시스트 5.3리바운드. NBA 역사상 20-5-5를 달성한 역대 4번째 신인이었다. 에반스에 앞서 이 기록을 달성한 이들을 살펴보자. 1960-1961시즌 'BIG O' 오스카 로벌슨이 이 기록을 처음 세운 이후 마이클 조던(1984-1985시즌), 르브론 제임스(2003-2004시즌) 뿐이었다. 그는 스테픈 커리, 브랜든 제닝스 등 경쟁자를 큰 표 차이로 따돌리고 신인상을 수상했다. 신인상을 수상하는 자리에는 당시 새크라멘토 시장을 맡고 있던 케빈 존슨까지 참석했다. 그만큼 기대감이 컸다. 이 시즌이 에반스의 최고 시즌으로 남을 거라 본 이들은 많지 않았다. 그러나 에반스의 약점은 슈팅과 자기중심적 플레이에 있었다. 한동안 그의 3점슛 성공률은 줄곧 20%대에 머무를 정도로 심각했고, 상대는 그 약점을 교묘히 물고 늘어졌다. 어시스트는 많았지만 코트 사용은 결코 효율적이지 못했고 설상가상으로 오른쪽 무릎 부상으로 꽤 오래 고생해야 했다. 2019년에는 NBA의 약물 규정을 어겨 한동안 코트에 서지 못했다.

Brandon Jennings

밀워키 벅스의 **브랜든 제닝스**(10순위)는 데뷔 7경기 만에 55득점을 퍼부어 이목을 끌었다. 1968년 얼 먼로의 56점 이후 신인 최다득점이었다. 당시 그의 상대는 커리가 데뷔했던 골든스테이트였다. 한동안 승승장구하며 기대를 모았던 제닝스의 커리어가 꺾인 것은 부상때문이었다. 2015년 1월, 왼쪽 아킬레스건이 끊어지는 부상을 입었고 그 뒤 복귀를 위한 각고의 노력을 기울였지만 끝내 예전의 폼을 되찾지 못했다. 적응을 위해 하부리그 경기 출전을 자처하는 등 온갖 정성을 들였지만, 2015-2016시즌 이후 트레이드, 방출 등을 반복하다 결국 NBA 커리어가 끊기고 말았다. 2018년, 친정팀 밀워키는 마지막으로 그에게 기회를 주었지만, 오래 인연을 가져갈 만큼 매력적인 성적은 남기지 못했다.

Hasheem Thabeet

2009-2010년 드래프트는 최고의 스타들만큼이나 최악의 선택도 많았다. 특히 상위 15위 안에서 실속없는 픽이 많이 나왔다. 멤피스 그리즐리스가 전체 2순위로 선택한 **하심 타빗**은 221cm의 장신이었다. 탄자니아 국적의 NBA 선수는 타빗이 처음이었다. 전문가들은 타빗의 높이와 하드웨어가 수비에서 큰 힘이 될 것이라 기대했다.《야후》,《NBA 드래프트닷넷》,《ESPN》,《드래프트 익스프레스》등 저명한 드래프트 전문 사이트에서 대부분 타빗의 2순위를 예상한 것도 이 때문이었다. 하지만 타빗은 블록슛 외에는 그 어떤 장점도 보이지 못했다. 멤피스는 겨우 2시즌 만에 타빗에 대한 기대를 접었고, 그는 매 시즌 팀을 옮겨 다니는 신세가 됐다. 2020년부터는 대만 리그에서 뛰고 있다. 이 말인즉, 타빗을 다시 미국 프로농구에서 볼 가능성은 0%라는 의미다.

Jonny Flynn

미네소타 팀버울브스는 5, 6순위를 모두 갖고 있었으나 커리를 놓쳤다는 비난을 피하지 못했다. 미네소타는 스페인 국가대표 가드 **리키 루비오**를 5순위로 뽑은 데 이어 6순위 지명권으로는 **쟈니 플린**을 선정했다. 루비오는 국가대표팀과 스페인 리그에서 보인 영민함을 재현하지 못했다. 183cm의 플린은 데뷔시즌에 수차례 위닝샷을 넣어주면서 올-루키 세컨드 팀에 이름을 올렸지만 그 이상으로 성장하진 못했다. 2010년 여름 엉덩이 수술 이후 루키 시즌에 보인 과감함을 보이지 못했다. 플린은 2012년을 끝으로 NBA를 떠나 호주와 중국 리그에서 선수 생활을 이어갔다. 초창기만 해도 여름마다 NBA 서머 리그에 도전했지만, 끝내 연이 이어지지 않았다. 한창 때의 나이에 아시아 리그에 간다는 것은 사실상 주가가 바닥까지 떨어졌다는 의미와 다름없다.

Jrue Holiday

2009년 드래프트에서도 다양한 장점과 캐릭터를 가진 선수들이 많이 선발되었다. 17순위 **즈루 할러데이**는 탁월한 수비력을 인정받아 롱런한 케이스다. UCLA에서 1학년을 마치고 프로에 진출한 할러데이는 필라델피아 세븐티식서스에서 데뷔해 뉴올리언스 펠리컨스에서 뛰며 '수비 잘 하는 가드'로 주가를 올렸다. 그는 2017-2018시즌과 2020-2021시즌에 올-디펜시브 퍼스트 팀에 선정됐으며, 밀워키 벅스의 2021년 우승을 주도했다. 시즌 종료 후에는 팀 동료 크리스 미들턴과 국가대표팀에 승선, 도쿄올림픽 금메달도 목에 걸었다.

Patrick Beverley & Jeff Teague & Taj Gibson

부상으로 폼이 떨어졌지만 19순위에 지명된 포인트가드 **제프 티그**는 애틀랜타 호크스의 시스템 농구를 주도하며 올스타에 선정됐다. 데뷔 6시즌 만에 거둔 쾌거였다. 26순위 **타지 깁슨**(뉴욕 닉스)은 출전시간 대비 최고의 가성비를 보인 선수로 자리매김했다. 시카고 불스에서 8시즌을 뛴 그는 미네소타 팀버울브스를 거쳐 2019년부터 뉴욕 닉스에서 뛰고 있다. 흥미롭게도 깁슨은 대부분의 커리어를 탐 티보듀 감독과 함께 했다. 티보듀 감독의 신뢰, 아니 총애(?)를 받는다고 해도 과언이 아닐 정도인데, 특유의 근성있는 플레이가 바탕이 됐다고 볼 수 있다. 반면, 42순위 **패트릭 베벌리**는 '우리 팀'에게는 '진주'이지만, 상대에게는 '공공의 적'이 됐다. 지명 직후, NBA에 설 자리가 없다고 판단한 베벌리는 그리스, 러시아 등을 전전하다 2013년에야 휴스턴에 발탁되어 진가를 인정받았다. 긴 여정을 돌아서 온 만큼 베벌리의 플레이는 절박하고 필사적이었다. 찰거머리처럼 달라붙어 수비하고, 루즈볼을 향해 몸을 날렸다. 다만, 그 절박함이 도를 넘어 거칠고 무례한 게임 매너로 이어져 상대를 다치게 하는 등 구설수에도 올랐다. 55순위 **패티 밀스**는 호주 국적으로, 샌안토니오 스퍼스에서 2014년 우승을 맛보았다. 그렉 포포비치 감독이 믿고 의지한 보컬 리더 중 하나로, 183cm로 작지만 폭발적인 슈팅과 돌파가 인상적인 선수다.

Danny Green

한편 우리는 이 드래프트에서 46순위 지명 선수도 다뤄야 할 것이다. 바로 **대니 그린**이다. 노스캐롤라이나 대학 출신의 대니 그린의 성공기는 베벌리만큼이나 드라마틱하다. 데뷔 첫 시즌에 소속팀에서 방출되는 기구한 운명을 맞아야 했다. 가까스로 찾은 2번째 소속팀은 샌안토니오 스퍼스. 그러나 샌안토니오도 겨우 6일 만에 그린에게 결별을 통보했다. 하부리그에서 절치부심 장점을 갈고 닦은 그가 비로소 자리를 잡은 것은 드래프트에 지명되고 2년 뒤의 일이었다. 그렉 포포비치 감독의 혹독한 조련 끝에 슈터이자 준수한 수비수로 성장한 그는 비로소 로테이션에 이름을 올릴 수 있었고, 샌안토니오의 우승(2013-2014시즌)을 거두며 인생 역전을 이루었다. 현재 그린은 샌안토니오 구단 역사상 3번째로 많은 3점슛(959개)을 넣은 선수로 이름을 남기고 있다. 2위는 앞서 소개한 패티 밀스(1,171개)다. 그린은 3점슛과 수비력을 앞세워 토론토 랩터스(2018-2019시즌), LA 레이커스(2019-2020시즌)에서도 타이틀을 품었다. 덕분에 그는 커리와 함께 2009년 드래프티 중에서는 가장 많은 챔피언 반지를 갖고 있다.

DRAFT

Presented by **State Farm**

2000~2010년 드래프트 몇 명의 올스타와 MVP를 배출했을까?

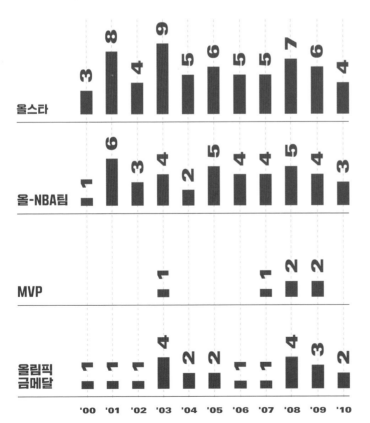

올스타
- '00 — 3
- '01 — 8
- '02 — 4
- '03 — 9
- '04 — 5
- '05 — 6
- '06 — 5
- '07 — 5
- '08 — 7
- '09 — 6
- '10 — 4

올-NBA팀
- '00 — 1
- '01 — 6
- '02 — 3
- '03 — 4
- '04 — 2
- '05 — 5
- '06 — 4
- '07 — 4
- '08 — 5
- '09 — 4
- '10 — 3

MVP
- '03 — 1
- '07 — 1
- '08 — 2
- '09 — 2

올림픽 금메달
- '00 — 1
- '01 — 1
- '02 — 1
- '03 — 4
- '04 — 2
- '05 — 2
- '06 — 1
- '07 — 1
- '08 — 4
- '09 — 3
- '10 — 2

'00 '01 '02 '03 '04 '05 '06 '07 '08 '09 '10

신인상 투표 순위

① **Tyreke Evans**
타이릭 에반스 킹스

② **Stephen Curry**
스테픈 커리 워리어스

③ **Brandon Jennings**
브랜든 제닝스 벅스

④ **Darren Collison**
대런 콜리슨 뉴올리언스

2009년 드래프트 부문별 리더

통산 리바운드

Blake Griffin 블레이크 그리핀, 1순위	**5,813**
Taj Gibson 타지 깁슨, 26순위	**5,299**
James Harden 제임스 하든, 3순위	**5,000**

통산 어시스트

James Harden 제임스 하든, 3순위	**5,980**
Stephen Curry 스테픈 커리, 7순위	**5,136**
Jrue Holiday 즈루 할러데이, 17순위	**5,045**

통산 득점 *2021년 12월 11일 기준

| **19,093** Stephen Curry | **22,587** James Harden | **18,384** Demar DeRozan |
| 7순위 스테픈 커리 | 3순위 제임스 하든 | 9순위 더마 드로잔 |

02

공존

커리의 첫 시즌 과제는 '공존'이었다. 골든스테이트의 간판은 몬타 엘리스(191cm)와
스티븐 잭슨(203cm)이었다. 넬슨 감독은 두 선수와 커리가 중심이 된 '스몰 볼(small
ball)' 농구를 희망했다. 골든스테이트는 직전 시즌에도 108.6득점으로 30개 구단 중
2위에 올랐다. 팀의 공격 페이스(pace)는 98.2로 전체 1위였다. 그만큼 빨리 달리고
많이 넣었다. 반면 수비에는 전혀 관심이 없었는데, 실점은 112.3점으로 30개
구단 중 30위였다. 앞서 언급했듯, 이는 '넬리 볼(Nellie Ball)'이라 불리는 넬슨 감독의
방식이었다. 넬리 볼은 인기가 좋았다. 이기든 지든 신나게 달렸기 때문이다.
골든스테이트 팬들은 승패를 떠나 이들에게 강한 애정을 보였는데, 82경기 중
53번이나 지는 와중에도 관중수는 전체 9위였다. 커리의 첫 시즌도 다르지 않았다.
골든스테이트는 여전히 평균 득점 2위(108.8점), 페이스 1위(100.4)를 기록했고,
실점은 최하위에 머물렀다. 달라진 게 있다면 엘리스 옆에 커리가 있었고,
그가 팬들에게 '미래가 밝다'는 희망을 안겨주었다는 점이다. 커리는 80경기에서
17.5득점(3점슛 2.1개) 5.9어시스트로 선배들을 보좌했다. 단순히 조연역에만
머물렀던 것은 아니다. 2009-2010시즌 신인상 투표에서 커리는
타이릭 에반스에 이어 2위였다. 어시스트와 스틸은 신인 중 최다였고,
득점(2위)과 리바운드(3위)도 인상적이었다.
팬들이 꼽는 루키 시즌 하이라이트는 3경기다. 2010년 2월 11일 LA 클리퍼스 전은
헤드라인 기가 막히게 뽑힌 경기였다. 골든스테이트는 홈경기에 앞서 커리에게

감사 스피치를 전할 기회를 주었다. 시즌 전반기 종료에 앞서 팬들에게 인사를 하게 해준 것. 마침 이날 몬타 엘리스가 무릎 부상으로 결장하면서 커리는 평소보다 오랜 시간 공을 잡을 수 있었다. 그리고 그는 그 기회를 놓치지 않았다. 데뷔 후 최다인 36득점 13어시스트 10리바운드로 트리플더블을 작성한 것이다. 덕분에 팀도 132-102로 승리했다. 골든스테이트 신인 중에는 1993년 크리스 웨버 이후 첫 트리플더블이었고, 30+득점 10+리바운드 10+어시스트를 기록한 신인은 1988년 4월 케빈 존슨(당시 피닉스 선즈) 이후 최초였다. 《AP》는 경기 상보의 문을 여는 첫 단락을 이렇게 썼다. '골든스테이트의 스테픈 커리는 경기에 앞서 오라클 아레나 관중들에게 성적이 안 좋았음에도 불구, 시즌 전반기에 응원을 보내준 팬들에게 감사함을 전했다. 그리고 이 신인 선수는 경기에 나가 미래에 대한 기대감을 가득 심어주었다.' 커리는 이 경기를 포함, 시즌 동안 30+득점을 8번이나 기록했다. 2003-2004시즌 르브론 제임스(13회), 카멜로 앤써니(10회) 이후 최다이자, 2009-2010시즌 신인 중 최다 기록이기도 했다. 일단 득점력은 합격. 게다가 그 경기 중에는 어시스트 10개 이상이 동반된 경기도 5번이나 있었다. NBA는 이 기록이 마이클 조던이 신인 시절(1984-1985시즌) 올린 기록과 타이를 이루었다고 소개했다. 즉, 신인 중에서는 25년 만에 가장 많은 '30-10' 기록을 남긴 선수가 된 것이다. 이쯤 되면 커리가 NBA에서 충분히 통할 가드라는 것은 입증한 셈이었다. 같은 해 4월 5일 토론토 랩터스

원정경기도 루키 시즌을 빛내준 경기였다. 엘리스는 이 경기도 몸살감기로 결장했고, 그 외에도 주축들이 부상으로 대거 빠진 상황이었다. 골든스테이트는 단 8명만으로 48분을 소화했다. 이 경기에서 커리는 무려 44분 동안 홀로 코트를 휘젓고 다녔다. 29득점 12어시스트 8리바운드. 특히, 4쿼터에만 15점을 올렸고, 종료 3초 전 주어진 자유투 2개를 모두 넣으면서 113-112의 극적인 승리를 도왔다. 이 승리로 넬슨은 통산 1,332승째를 기록해 NBA 역대 최다승 타이기록을 세울 수 있었다. 넬슨에게도 큰 의미가 있는 승리였다. 마지막 하이라이트는 시즌 마지막 날이던 4월 14일 포틀랜드 블레이저스 전에서 만들어졌다. 무려 42득점을 폭발시킨 것이다. 팀도 122-116으로 이기며 26승째를 챙겼다. 커리는 3점슛 4개를 더하면서 166개의 3점슛으로 첫 시즌을 마쳤다. NBA 역대 신인 중 최다 3점슛 기록이었다. 앞서 소개한 신인상 투표 결과에서 알 수 있듯, 커리는 시즌 후반기에 접어들수록 존재감이 커져 신인상 후보로도 진지하게 거론됐다. 매달 동부와 서부 컨퍼런스의 우수한 신인에게 수여하는 '이달의 신인'에도 3번(1월, 3월, 4월)이나 선정됐다. 결과적으로 신인상은 에반스에게 돌아갔지만, 올-루키 퍼스트 팀에는 만장일치로 이름을 올렸다.

3인 체제의 붕괴

그러나 이 기록들 뒤에는 말 못할 고충도 있었다. 바로

'공존'에 대한 고충이다. 우선 돈 넬슨이 계획한 엘리스-커리-잭슨의 3인 체제는 개막 한 달도 채 넘기지 못한 채 깨졌다. 잭슨이 자신의 역할과 팀의 불안정한 미래에 불만을 표출하자, 넬슨 감독은 그의 트레이드를 결정했다. 시즌이 개막한 지 단 9경기 만에 일어난 일이었다.

엘리스와의 공존도 문제였다. 커리가 폭발한 경기를 보면 엘리스가 주춤하거나 결장했던 경기가 많다. 두 선수가 평균 43점을 합작했지만, 동시에 터진 날이 많지 않았다는 것이다. 게다가 자존심이 강한 엘리스는 팀의 무게중심이 커리에게 옮겨가는 것을 달갑게 여기지 않았다.

그도 그럴 것이 엘리스는 2005년 드래프트 40순위로 지명되어 갖은 고초 끝에 주전 자리를 꿰찬 인간 승리자였다. 1라운드와 달리, 드래프트 2라운드 40~50순번대 지명 선수들은 여간 해서는 기회를 잡기가 쉽지 않다. 계약금액도, 계약기간도 다르다. 심지어 시즌이 시작되기도 전에 방출되는 경우도 있다. 그러나 엘리스는 2006-2007시즌 기량발전상을 수상하는 등 각고의 노력 끝에 핵심 자리를 꿰차는데 성공했다. 단지, 엘리스가 중심이 된 빠른 농구에서 골든스테이트는 성적을 내지 못했다. 그래서인지 커리가 중심이 되자, 위기감을 느낀 듯한 행동을 자주 보였다. 구단은 그런 엘리스를 위해 그에게 주장 자리와 에이스 롤을 맡겼다. 엘리스는 이 시즌에 41.4분을 뛰었다. NBA 1위였다. 25.5득점도 리그 상위권이었다. 그렇지만, 부상으로 쉬는 날도 많았고, 애매하게도 이럴 때마다 커리가 폭발했다. 특히 3월 초, 엘리스가 허리 부상으로 결장한 동부 원정 5연전에서

커리는 훌륭한 팀워크를 보이며 동료들을 이끌었다. 루키였지만 생각보다 선배들과도 잘 어울렸다. 비록 팀은 5전 전패를 기록했지만, 팀내 득점 1위가 빠진 팀이라는 생각이 안 들 정도로 경기를 잘 했다. 이런 활약은 골든스테이트 수뇌부에게 새로운 로드맵을 그릴 계기로 다가왔다(물론, 이는 어디까지나 농구적인 면을 조명한 것일 뿐, 둘 사이의 관계는 나쁘지 않았다. 커리는 최근에도 몬타 엘리스의 골든스테이트 시절 유니폼을 입고 출근하는 등 엘리스에 대한 애정을 드러냈다. 그 시즌, 팀에 몸담았던 제레미 린 역시 "불화설은 미디어가 만들어낸 것이다. 두 사람 관계는 나쁘지 않았다"고 두둔했다).

그러나 큰 그림을 봤을 때, 커리는 이런 역할에 대한 스트레스, 경기당 6.1명씩 있었던 부상 결장자, 새로운 환경에의 적응 등 여러 이슈를 제법 잘 이겨냈다. 올-루키 퍼스트 팀 만장일치 선정은 아무나 해내는 일이 아니기 때문이다. 데이비슨 대학 입학 당시부터 시작된 신데렐라 스토리는 갈수록 많은 구독자를 끌어당기며 흥행조짐을 보이고 있었다.

빛과 어둠

"4월에 집에서 TV로 경기 중계를 볼 때마다 '기회가 오면 좋겠다'는 생각이 들었어요. 데뷔 후 첫 3년 동안 플레이오프에 오르지 못했거든요. 전 기회를 원하고 기다렸어요. 지금까지의 시간은 이를 위한 경험을 쌓고, 레벨에 오르기 위해 실력을 키우는 시간이었던 것 같습니다."

2013년, 생애 첫 플레이오프 무대를 앞둔 커리의
소감이었다. 그 전에 우리는 '하위팀'의 유망주, 커리
이야기를 좀 더 할 필요가 있다. 커리가 글로벌 스타가
되기까지 어떤 고난이 있었고, 또 골든스테이트가 커리의
팀이 되는데 있어 어떤 결정을 내렸는지 말이다.
2010-2011시즌, 커리는 74경기를 모두 주전으로 소화했다.
33.6분간 18.6득점 5.8어시스트를 기록했는데,
자유투 성공률이 무려 93.4%(227개 중 212개)였다.
이미 2년차 때부터 레전드들과 맞먹는 기록을 보여줬다.
자유투 성공률 93.4%는 1977-1978시즌, 팀의 레전드
릭 베리가 남긴 92.4%를 뛰어넘는 구단 역대 최고
성공률이었고, 그 시즌 NBA 1위였다. 또, 2009년
드래프티 중에서도 득점, 3점슛 성공률, 스틸 1위였고,
어시스트는 2위였다. 그러자 커리에 대한 견제도
자연스럽게 심해졌는데, 특유의 폭발적인 슈팅과
재기발랄한 볼 핸들링 기술로 이겨냈다.
이 시즌 골든스테이트는 많은 변화가 있었다. 일단 돈 넬슨
감독이 사임하고 그를 보좌하던 키스 스마트가 감독으로
올라섰다. 스마트 감독은 넬슨 체제에서 잊혀졌던 단어
하나를 꺼냈다. '수비', 수비는 단기간에 개선하기 어려웠다.

실점은 105.7점으로 30개 구단 중 27번째로 나빴다.
그러나 마지막 36경기 중에서는 13번이나 상대를
100점 아래로 묶는 등 23차례에 걸쳐 100점 이하 실점을
기록했다. 그 23경기에서 팀은 19승 4패를 기록했다.
골든스테이트가 3경기 연속 상대를 100점 아래로 묶은 게
2005-2006시즌 이후 처음이었으니 그동안 얼마나
수비와 담을 쌓고 뛰어왔는지 짐작할 수 있을 것이다.
또한 뉴욕 닉스로부터 올스타 포워드 데이비드 리를
영입해 화력을 강화했다. 2011년 2월에는 뉴저지 네츠
(현 브루클린 네츠)와 트레이드를 단행했다. 이 트레이드를
통해 댄 개주릭과 브랜든 라이트가 팀을 떠나고,
트로이 머피와 지명권을 받았는데, 이 거래에서 제일 중요한
것은 바로 골든스테이트가 받은 지명권이었다. 2012년
2라운드 지명권으로 뽑은 선수가 드레이먼드 그린이었기
때문이다. 투철한 승부욕과 다재다능한 실력을 갖고 있던
드레이먼드 그린은 팀의 보컬 리더이자, 수비의 버팀목으로
나서주며 훗날 커리와 세 차례 우승 영예를 맛보게 된다.
골든스테이트는 6승 2패 호성적으로 시즌의 문을 열었지만
4연패 2회, 5연패, 6연패, 7연패씩을 기록하며 하위권으로
내려앉았다. 강팀들과의 원정 경기를 넘어서기에는

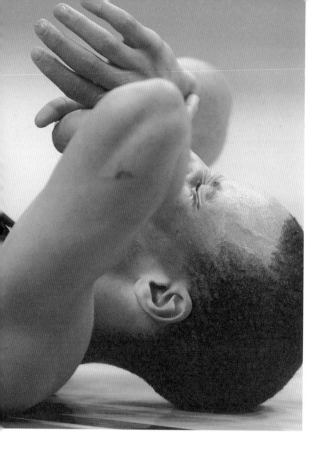

부족한 점이 있었다. 이런 패배보다 더 아쉬운 건 커리의 부상이었다. 특히 지긋지긋한 발목 부상과의 악연이 본격적으로 시작됐다.

너무 많이 뛰었다

2010년 12월 9일, 샌안토니오 스퍼스 전이었다. 2쿼터 막판 오른쪽 발목이 꺾이면서 쓰러졌고, 동료들의 부축을 받아서 간신히 벤치로 돌아갔다. 부상을 당하는 순간 중계진은 '정말 마음이 아픈 순간입니다'라며 말을 잇지 못했다. 팀도 94–111로 패했다. 당시 스마트 감독은 "커리 정도 되는 선수가 빠진다는 것은 팀의 레벨이 3~4단계는 떨어진다는 것을 의미합니다. 플로어에 커리가 없기에 경기 운영이 힘들어졌습니다. 그런 선수의 자리를 채운다는 건 쉽지가 않죠"라며 안타까워했다. 커리는 이후 6경기를 결장했고, 팀은 2승 4패에 그쳤다. 커리가 돌아온 건 그해 크리스마스였다. 포틀랜드 트레일 블레이저스 전이 복귀전이었다. 아직은 감을 찾지 못한 듯, 15개의 슈팅 중 13개를 미스하는 등 4점에 그쳤지만, 어시스트(11개)에 집중하며 승리(109–102)를 도왔다. 경기 후 몬타 엘리스는

"돌아와서 너무 고맙다"라는 말을 전하기도 했다. 홀로 공격을 이끌기에는 견제가 너무 심했던 탓이다. 비로소 커리가 부활한 것은 2010년의 마지막 날이었는데, 흥미롭게도 그 경기가 바로 자신의 고향과도 같은 샬럿에서의 원정경기였다. 샬럿 밥캐츠(현 샬럿 호네츠)를 맞아 고비마다 슈팅을 넣으며 24득점을 올렸다. 이날따라 몬타 엘리스의 외곽이 말을 안 들었는데, 커리의 선전이 있었기에 골든스테이트는 샬럿의 상승세를 꺾을 수 있었다. 커리는 후반기 들어 고득점 행진을 달렸지만, 골든스테이트는 이 시즌을 36승 46패로 마치며 또 플레이오프 진출 좌절을 맛봤다.

커리는 시즌 직후 발목 수술을 택했다. 12월 부상 이후에도 꾸준히 30~40분을 소화했지만, 통증에서는 자유롭지 못했던 것이다. 발목 인대 2개가 찢어지면서 작은 충격에도 큰 통증에 시달려야 했다. 커리는 그 불안감 해소를 위해 인대를 치료하기로 결정했다. 구단 역시 그에게 휴식을 권했다. 스마트 감독은 커리가 그동안 엄청나게 많은 경기를 소화해왔다고 두둔했다. 돌이켜보면 커리는 데이비슨 대학 3학년 때부터 결장 없이 긴 시즌을 치러왔다. 이 과정에서 커리는 더 많은 찬스를 잡기 위해 남들보다 더 많이 움직여야 했다. 상대적으로 작고 왜소했기 때문이다. 더 많은 방향 전환이 필요했고, 더 많이 점프해야 했다. 발목에 부담이 간 것은 당연한 일이었다. 커리 스스로도 "종종 피로감을 느낀다"고 말했을 정도다. 그는 4월에 《이스트베이 타임스》와의 인터뷰에서 "출전시간은 되도록 신경 안 쓰려고 했지만, 시즌 내내 부상을 안고 뛰다보니 자연스럽게 버거운 면이 있었습니다"라고 고백했다.

변화 속에 닥친 악재

커리 인터뷰를 할 때 조심해달라고 부탁을 받은 부분이 있다. 부상에 대해 너무 집요하게 물어보는 것은 분위기 상 좋지 않을 수 있다는 것이다. 그렇다고 몇몇 스타들처럼 'NEXT QUESTION'이라 말하며 대놓고 질문자를 면박 주는 행위를 하진 않지만 부상, 특히 발목에 대한 이야기는 수도 없이 들어왔기에 결코 유쾌한 분위기는 만들어지지 않을 것이다. 그럴 수밖에 없다. 2010–2011시즌 중 찾아온 '발목 부상'이라는 키워드는 한동안 커리를 떠나지 않았다. 2011년 5월 수술 이후 커리는 2011–2012시즌을 위한 재활에 돌입했다. 불행인지 다행인지 2011–2012시즌은

정상적으로 열리지 않았다. 단체협약(CBA)을 둘러싼
NBA 사무국과 선수협회간의 불협화음이 계속되다가
직장폐쇄까지 이어졌기 때문이다. 이로 인해 11월 1일
개막할 예정이었던 2011-2012시즌의 초반 일정이
취소되었다. 이 시즌은 2011년 12월 25일이 되어서야
개막했다. 커리 입장에서는 충분히 건강한 시즌을 준비할 수
있었다. 그러나 그의 발목은 마음먹은 대로 움직여주지
않았다. 그 시작은 시범경기였다. 12월 20일 새크라멘토
킹스와의 시범경기에서 발목을 다시 다쳤다. 이어 시즌
개막 2번째 경기였던 시카고 불스 전에서도 발목이
다시 돌아갔다. 커리는 바로 의사를 찾아 원인을 알아내고자
했다. 답답했던 나머지 커리는 농구화까지 바꿨다. 행여
농구화 형태가 자신의 발과 맞지 않아 부상을 야기한 것이
아닌가 하는 생각이 들어서였다. 치료와 재활이 반복됐다.
경기를 뛰다가 통증이 느껴지면 바로 벤치로 향했다.
안 되겠다 싶을 때는 잔여 시간 출전을 포기했다.
이를 반복하길 2개월. 2012년 3월 11일 LA 클리퍼스 전을
끝으로 커리는 2011-2012시즌을 포기한다. 이날 경기에서
그는 주전으로 경기에 출전했지만, 통증을 이기지 못한 채
벤치로 돌아갔다. 사실 커리는 경기를 더 뛰고자 했다.
점수차를 막 벌려가는 시점에서 승리를 굳히는데 보탬이
되고 싶었다고 했다. 그러나 코칭스태프의 만류 끝에 경기를
포기해야 했다. 2011-2012시즌 골든스테이트의 성적은
23승 43패. 또 한 번 플레이오프 진출에 실패했다.
커리가 뛴 26경기에서 13승 13패였다는 점을 감안하면
그의 공백은 뼈아플 수밖에 없었다. 이 시즌 커리의 성적은
14.7득점. 대학시절부터 수직 상승하던 모든 기록들이
다시 바닥을 쳤다. 2012년 4월 26일, 커리는 한 번 더
수술대에 올랐다. 이는 곧 최소 3~4개월은 다시 농구를
하지 못한다는 의미였다. 일각에서는 의욕이 너무 앞선
나머지 복귀를 너무 서둘렀던 것이 원인이었다는 분석도
나왔다. 그렇다면 그가 복귀를 서둘렀던 이유는
무엇이었을까.

커리를 위한 팀

커리가 복귀를 서두른 이유는 복합적이었다. 골든스테이트는
2010-2011시즌이 끝나기가 무섭게 키스 스마트 감독을
해고했다. 단 한 시즌 만에 감독을 해고한 것에 대해 말이
많았지만, 새 구단주 조 레이콥은 팀이 방향성을 갖고

나아가길 바랐다. 그 과정에서 명 포인트가드 출신이자
해설위원으로 명성을 쌓아가던 마크 잭슨을 신임 감독으로
임명했다. 마크 잭슨 감독의 농구 철학을 높이 샀던 것이다.
또 제리 웨스트를 컨설턴트로 영입했다. 제리 웨스트는

NBA의 전설적인 스타 플레이어 출신이자 최고의 구단 경영인으로 꼽히는 인물이다. NBA 로고가 드리블하는 웨스트의 실루엣에서 따온 것이라는 비공식 보도가 있었을 정도로 1970년대 NBA에서 가장 상징적인 선수이기도 했다.

1971-1972시즌에는 전설적인 33연승과 69승(한 시즌 최다승) 기록을 세웠다. 웨스트의 행보는 은퇴 후에도 빛났다. LA 레이커스의 단장이 되어 '쇼타임' 레이커스를 구축했다. 매직 존슨, 제임스 워디, 카림 압둘-자바 트리오를 앞세워 1980년대에만 5번 우승했다. '풋내기' 코비 브라이언트의 재능을 알아보고 트레이드로 영입한 것도, 필 잭슨 감독과 샤킬 오닐을 데려와 NBA 3년 연속 우승 (2000, 2001, 2002)의 토대를 만든 것도 웨스트의 작품이었다. 레이커스를 떠난 뒤에는 멤피스 그리즐리스를 플레이오프 진출권 팀으로 꾸려놨다. 레이콥 구단주는 웨스트에게 팀 재건을 맡겼다. 유망주를 꿰뚫어보는 안목과 추진력으로 골든스테이트의 새 토대를 세워주길 바랐던 것이다. 이때 웨스트가 '미래'로 지목한 인물이 바로 커리였다. 웨스트는 래리 라일리 단장에게 "커리에게 공을 더 줘야 한다"고 주장했고, 그 작업의 시작이 되었던 시즌이 바로 2011-2012시즌이었다. 커리 입장에서는 더 의욕적으로 시즌을 준비할 수밖에 없었다. 게다가 시즌 개막을 앞두고 또 다른 득점원인 몬타 엘리스가 한 여성으로 부터 성추행 혐의로 피소된 상태였다. 이래저래 어수선한 상황이었기에 더 책임감을 가졌을 수도 있다. 결과적으로 커리에게는 안 좋은 결과로 돌아왔지만 말이다.

한편, 이 시즌의 변화는 여기서 끝나지 않았다. 불안한 동행을 해오던 엘리스가 2011-2012시즌 중 트레이드 됐다. 구단은 몬타 엘리스와 콰미 브라운, 엑페 우도를 밀워키 벅스로 보내고 앤드루 보거트와 스티븐 잭슨을 받았다. 잭슨은 트레이드 이틀 뒤 곧장 애틀랜타 호크스로 트레이드 되었는데, 골든스테이트는 이 트레이드를 통해 리처드 제퍼슨과 T.J 포드, 2012년 1라운드 드래프트 지명권을 받았다(포드는 영입 직후 방출).

이 트레이드는 정말 많은 것을 시사했다. 커리의 발목이 불안정했음에도 불구하고 팀내 최고 득점원이었던 엘리스를 포기한 것은 그만큼 커리의 미래를 밝게 봤다는 의미다. 엘리스는 훗날 이 트레이드에 대해 "우리 둘 다 좋은 파트너였지만 이기지를 못했다"라고 돌아봤다. 그는 트레이드 직후 커리에게 전화를 했다. "신경쓰지마, 너는 네 할 일을 열심히 하면 돼. 이제 곧 너의 시간이 올 거야. 비판이 따를 지도 모르겠지만, 그 놈들은 그 놈들 하고 싶은대로 놔둬. 네가 잘 하면 모두가 너를 따르게 될 것이니까."

엘리스의 말처럼, 커리의 시간이 찾아오고 있었다.

03

4,400만 달러와 54득점

2012-2013시즌을 앞두고 커리는 주치의로부터 "이제 안심해도 된다"라는 말을
듣는다. '강철 발목'을 갖게 된 것은 아니지만, 적어도 쉽게 휘청 돌아가는 '유리
발목'에서는 벗어났다는 의미다. 팀은 본격적으로 '커리를 위한 팀'을 만들기에
착수했다. 2012년 드래프트는 제리 웨스트가 깊이 관여한 첫 드래프트였다.
팀은 트레이드로 얻은 드래프트 지명권을 정말 알차게 써먹었다.
우선 자체 보유하고 있던 7순위 지명권으로 포워드 해리슨 반즈를 영입했다.
반즈는 골든스테이트의 첫 우승에 기여했다. 트레이드로 얻은 1라운드 지명권
(30순위)은 페스터스 이질리 지명에 사용했다. 211cm, 120kg의 이질리는 화려한
선수는 아니었지만 힘이 원체 좋은 빅맨이었다. 웨스트는 앤드루 보거트와
이질리가 커리의 '보디가드'가 되어주길 바랐다. 커리가 더 많이 슛을 던지고
돌파를 하게끔 스크린을 걸어주고 대신 몸싸움을 해주길 원했다. 35순위로는
드레이먼드 그린을 지명했다. 미시건 주립대를 졸업한 그린은 투쟁심이 강한
올-어라운드 플레이어였다. 대학시절부터 수비력이 좋기로 정평이 나있었지만
198cm의 작은 키가 발목을 잡았다. NBA에서 파워포워드를 보기에는 키가 너무
작다는 평가가 지배적이었는데, 이는 그가 35번째까지 떨어진 결정적 이유였다.
이어 7월에는 베테랑 포인트가드 재럿 잭을 영입했다. 잭은 묵직함이 있는
베테랑이었다. 마크 잭슨 감독이 그에게 맡긴 역할은 커리의 멘토였다.
프로로서 자기관리는 어떻게 해야 하고, 라커룸 분위기는 어떻게 이끌어야 할 지를
알려줄 선배로 삼은 것이다. 실제로 이 영입은 성공적이었다.
커리가 아버지 외에 최고의 롤모델로 삼은 선수가 2명 있는데, 2명 모두 포인트가
드였다. 1명은 현재 포틀랜드에서 감독을 맡고 있는 천시 빌럽스다. 커리는 2010년
세계선수권대회를 빌럽스와 함께 하면서 '프로선수의 길'을 찾았다고 했다. 2번째는
바로 잭이다. 커리는 2015년 MVP 수상 연설에서 "내가 가장 큰 영향을 미친 리더"
라고 잭을 소개했다. 잭 역시 "내 동생 같은 녀석"이었다고 했다.
'커리를 위한 팀' 구성을 마치자 이번에는 '자존심 세워주기'에 돌입했다.
골든스테이트는 그와의 계약을 연장했다. 계약기간 4년, 총액 4,400만 달러에

달하는 큰 계약이었다. 커리가 부상으로 거의 2시즌을 고생하고, 심지어 수술까지 2번 받아 미래를 확신할 수 없었던 시점임을 감안하면 엄청난 투자였다. 반응은 반반이었다. 매 시즌 개막을 앞두고 프리뷰 가이드를 발행하는 《린디스(Lindy's) 스포츠 프로 바스켓볼 가이드북》은 골든스테이트의 행보를 두고 '모든 것을 증명해보여야 할 것'이라고 평가했다. 커리에 대해서는 '모든 시선이 그의 발목에 집중되고 있다'며 평가를 보류했다. 한 매체는 "건강하면 잘 할 수 있다는 말은 누구나 다 한다"라고 비꼬기도 했다. 그러나 커리는 자신만만했다. 《NBA닷컴》 인터뷰에서 "지난 날의 그런 커리는 이제 없다"라며 부상에서 회복되었음을 강조했다. 이어 "제가 워리어스 구단이라면 제게 납득할 수 있는 금액을 제시하며 계약을 했을 겁니다"라며 계약 연장을 종용하기도 했다. 아마도 구단이 그와 4,400만 달러의 계약을 미련 없이 맺은 것은 이러한 자신감 때문이 아니었을까 싶다. 커리는 허언증 환자가 아니었다. 4번째 시즌 성적은 22.9득점 6.9어시스트였다. 루키 시즌 이후 가장 많은 78경기를 뛰었다. 이 시즌에 소화한 38.2분은 지금까지도 커리어하이 기록으로 남아있다.

스크린을 더 활용해야 한다는 조언 속에서 그는 빅맨들과 함께 더 입체적인 농구를 펼쳤다. 마크 잭슨 감독도 커리에게 많은 공격 권한을 주었다.

어디서든 던져도 다 들어갈 것 같았습니다

그 활약의 정점은 바로 2013년 2월 28일 뉴욕 닉스 전이었다. 메디슨 스퀘어가든에서 열린 뉴욕 전에서 그는 무려 54득점을 폭발시켰다. 이날 단 1초도 쉬지 않고 48분 내내 경기를 소화한 그는 3점슛을 무려 11개나 넣었다. 당시 기준 한 경기 3점슛 최다 성공 타이기록이었다. NBA 역사상 3점슛 10개 이상을 넣으면서 50+득점을 올린 최초의 선수가 됐다. 또한 메디슨 스퀘어가든에서 50득점 이상을 올린 역대 13번째 선수이기도 했다. 필자가 메디슨 스퀘어가든을 반복해 언급하는 이유가 있다. 뉴욕 닉스의 홈구장이기에 앞서 이곳은 '농구의 성지'와도 같은 곳이었다. 1946년에 개장한 전통있는 구장으로 NBA 경기 외에도 고교, 대학농구 메인이벤트도 종종 열렸다. 그래서 많은 NBA 스타들이 가장 기억에 남는 징소로 꼽는 곳이 바로 메디슨 스퀘어가든이다. 코비 브라이언트(61점, 2009년), 마이클 조던(55점, 1995년) 등 슈퍼스타들도 이곳에서

50+득점의 역사를 썼다. 비록 팀이 패배(105-109)해 살짝 빛이 바랬지만, 겨우 4번째 시즌을 맞는 선수가 이 정도 기록을 낸 것에 모두가 놀라움을 금치 못했다. 《ESPN》은 '경기 막판에는 커리가 공만 잡아도 환호성이 이어졌다'고 보도했다. 커리는 "어디서든 던져도 다 들어갈 것 같았습니다"라며 강한 자신감을 내비쳤다. 그러나 자신의 기록에 마냥 기뻐하지만은 않았다. 팀이 연패에 빠졌기 때문이었다. 커리는 "앞선 인디애나 페이서스전도 졌고, 오늘은 데이비드 리도 결장하기 때문에 더 책임감을 갖고 나섰습니다. 어릴 때부터 정말 특별한 장소라 여겼던 곳이었기에 더 의미가 깊습니다. 다만 팀이 졌기에 아쉽습니다"라고 경기를 돌아봤다. 상대팀의 타이슨 챈들러는 이 경기에서 리바운드를 28개나 잡아냈다. 평소였으면 대서특필될 기록이었지만, 커리의 퍼포먼스 앞에서는 명함도 못 내밀었다. 챈들러는 "정말 보기 드문 재능을 가진 젊은이입니다. 우리는 저 친구 꽁무니만 따라다녔어요. 도대체 안 들어간 슛이 몇 개였나요?"라며 혀를 내둘렀다.

뉴욕에서의 이 활약은 그에게 하나의 모멘텀과 같았다. 뉴욕 같은 대도시는 기자들이 유독 많이 몰리는 편이다. 방송 규모도 어마어마하다. 수많은 사람들이 지켜보는 가운데서 그는 54득점을 폭발시켰다. 이쯤 되면 더 이상 발목의 '발'자(字)도 꺼내지 못할 것이다. 여세를 몰아 커리는 시즌 후반기 평균 26득점(NBA 전체 4위)을 기록했다. 그는 4월 13일 LA 레이커스 원정 경기에서도 47점을 기록했다. NBA에서 가장 상징적인 도시 두 곳에서 '득점쇼'를 펼친 것이다. 그리하여 커리가 이 시즌에 넣은 3점슛은 272개. 2005-2006시즌 레이 알렌이 넣은 269개보다 3개 더 많은, 역대 한 시즌 최다 3점슛 기록이었다. 단 4시즌 만에 그는 골든스테이트 워리어스 역사상 2번째로 많은 3점슛(640)을 넣은 선수가 되었다. 1위는 700개의 제이슨 리처드슨이었는데, 이대로라면 역대 1위가 되는 것도 시간문제처럼 보였다. 커리는 커리어 처음으로 '이달의 선수(4월)'에 선정됐고, 골든스테이트 선수로는 1997년 이후 처음으로 《스포츠 일러스트레이티드》 표지를 장식했다. 커리의 성적이 올라가자 골든스테이트의 성적도 짜릿한 반전을 이뤘냈다. 골든스테이트는 47승 35패로 짜릿한 반전을 이뤄냈다. 전 시즌보다 21승이나 상승한 것이다. 팀 역사상 유례없는 반전. "건강만 하다면 잘 될 것"이란

말은 허언이 아니었다. 팀 성적만 반전이 있었던 것은 아니다. 로컬 TV 중계 시청률은 전 시즌 대비 58% 상승했고, 라디오 청취율도 72% 올랐다. 평균관중은 19,374명으로 구단 역대 2위였다. 총 41경기 중 38경기가 매진됐으며, 커리의 막판 활약에 힘입어 2012-2013시즌이 끝나기도 전에 차기 시즌의 시즌티켓 2,300장이 팔려나가기도 했다. 이 정도면, 4,400만 달러 투자에 대한 효과는 충분히 본 셈이라 할 수 있을 것이다.

스플래시 브라더스의 탄생

이 정도면, 골든스테이트 팬들은 이 선수의 이름이 나오지 않아 섭섭했을 수도 있다. 바로 '파트너' 클레이 탐슨이다. 탐슨은 2011년 NBA 드래프트에서 전체 11순위로 지명되었다. 워싱턴 주립대 출신으로, 그 역시 3점슛이 장점이었다. 직장폐쇄에 커리 부상까지 겹쳐 외로운 루키시즌을 보낸 그는 2012-2013시즌부터 함께 외곽슛을 불태웠다. 이 시즌 커리와 함께 전 경기를 주전으로 뛰면서 16.6득점(3점슛 40.1%)을 기록했다. 그렇게 두 쌍포가 함께 터지면서 생긴 별명이 있다. 바로 '스플래시 브라더스(Splash Brothers)'라는 별명이다. 이 별명은 워리어스 닷컴(warriors.com)의 브라이언 위트 기자가 지어줬다(NBA 각 구단은 자체적으로 홈페이지 라이터를 둔다. 브라이언 위트도 그렇게 고용된 인물 중 하나였다). 2012년 12월 21일, 샬럿과의 경기에서 커리와 탐슨이 전반에만 3점슛 7개, 25득점을 몰아넣자 위트 기자는 워리어스 공식 트위터에 해시태그(#)와 함께 스플래시 브라더스를 적었다. 이를 좋게 본 워리어스 구단이 적극적으로 홍보하면서 널리 알려지게 됐다. 구단 홍보팀도 이 별명을 적극 사용했다. 커리가 272개의 3점슛을 넣는 동안 탐슨은 211개를 넣었다. 둘이 합쳐 넣은 3점슛만 483개. NBA 역사상 이런 콤비는 없었다. 2001-2002시즌, 보스턴 셀틱스의 앤트완 워커와 폴 피어스가 도합 432개를 넣었고, 2005-2006시즌, 시애틀 소닉스(현 오클라호마 시티 썬더)의 레이 알렌과 라샤드 루이스가 411개를 꽂았지만 '3점슛 전문가'라는 이미지는 이들만큼 강하지 않았다. 또 두 선수가 나란히 200개 이상을 넣은 경우도 흔치 않았다.
커리와 탐슨은 서로를 인정하고 이해한다. 경기에서 활약하는 날이면 자신이 활약한 거처럼 축하한다. 서로의

기록도 중요하지만, 팀이 이긴다면 그것만으로도 만족한다며 말이다. 마찬가지로 둘 중 하나가 경기 중 부진해도 '곧 터질 것'이라며 격려하고 믿음을 보여준다.

언론의 짓궂은 질문에 대해서도 서로가 방패가 되어준다.
나중 일이긴 하지만, 2017년 NBA 파이널에서는 탐슨의
시리즈 초반 부진에 대해 질문이 끊이지 않자, 커리가

"탐슨은 코트에 서 있어주기만 해도 도움이 되는 선수"라며
변호하기도 했다.

스플래시 브라더스와 데이비드 리를 중심으로 골든스테이트
는 2007년 이후 첫 플레이오프 무대를 밟게 된다.
커리에게도 첫 플레이오프였다. 서부 6위 골든스테이트는
1라운드에서 서부 3위 덴버 너게츠를 4승 2패로 꺾고
2라운드에 올랐다. 원정에서 가진 1차전을 95-97로
패했지만 이후 3연승을 기록하며 반전에 성공했다.
덴버를 92-88로 꺾고 2라운드에 진출하던 날, 커리는
안도의 한숨을 내쉬었다. "경기 내내 덴버의 저항이
거셌습니다. 우리도 자꾸 빌미를 주었죠. 하지만 자신감을
잃지 않았어요. 제게는 플레이오프 시리즈 첫 승리입니다.
경기 내용을 떠나, 우리가 해낸 것이 자랑스러워요.
마지막까지 짜릿했기에 더 기쁩니다."
다음 상대는 서부 2위 샌안토니오 스퍼스였다. 팀 던컨,
마누 지노빌리, 토니 파커가 건재했던 샌안토니오는
그 시즌 강력한 우승 후보였다. 산전수전 겪은 베테랑들도
즐비했다. 베테랑팀을 상대로 커리는 1차전에 44점을
퍼붓는 등 위력을 발휘했다. 이를 보던 상대팀의
그렉 포포비치 감독은 "저 친구는 슛거리 같은 것이 없는 것
같습니다. 어디서든 던질 수 있는 선수였습니다"라며
놀라워했다. 그러나, 샌안토니오도 우승후보답게 마냥
당하지만은 않았다. 3차전 16점, 5차전 9점. 커리가
숏 던질 기회조차 주지 않거나, 공을 잡았을 때는 최대한
어렵게 던지게 만들었다. 결국 골든스테이트는 2승 4패로
패하며 길고 긴 2012-2013시즌을 마쳤다. 샌안토니오는
그 시즌 NBA 파이널에 진출(준우승)했다. 골든스테이트는
분명 성장했다. 그러나 명확한 과제도 있었다.
팀은 플레이오프에서 커리가 20득점 이상을 올린 날에
6승 2패였지만, 20점 아래로 묶인 날은 0승 4패였다.
커리는 새로운 숙제를 맞은 것을 기뻐하고, 기대했다.
"저는 올 여름이 너무 기대됩니다. 최근 몇 년간 발목이
안 좋아서 치료하고 재활만 하며 보냈거든요. 올 여름은
정말 건강하게 맞이하는 비시즌이 될 것입니다.
비디오를 보면서 제가 안됐던 것이 무엇인지 확인하고,
단점을 찾아낼 것입니다. 그리고 그것을 단련하고
발전시켜서 더 강한 선수가 되어 돌아올 것입니다."
이제, 그 말이 허언일 것이라 생각하는 사람은 아무도
없었다.

득점 기계들의 고향
골든스테이트 워리어스

경제전문지 《포브스(Forbes)》는 매년 NBA 팀 밸류에이션(Valuation)을 발표한다. 애널리스트들이 기업 가치를 평가해 적정 주가를 산정하는 것처럼, 각 구단들의 가치를 평가해 랭킹을 발표하는 것이다. 올해로 벌써 24년째인 NBA 팀 밸류에이션은 발표될 때마다 미국뿐 아니라 여러 매체에서 앞 다투어 다룰 정도로 화제가 되고 있다. 미국에서 가장 시장이 큰 뉴욕 닉스는 7시즌 연속 구단 가치 부문 1위를 달리고 있다. 골든스테이트 워리어스는 47억 달러로 2021년 랭킹 2위에 올랐다. 2020년보다 한 단계 상승한 수치로, 전체 규모는 미국 최고 스포츠인 NFL 구단과도 견줄 정도로 큰 것으로 알려졌다.

만일 1990년대, 혹은 스테픈 커리가 데뷔하기 전에 "골든스테이트 워리어스가 NBA 최고팀이 될 거야"라고 말했다면 틀림없이 비웃음을 샀을 것이다. 골든스테이트는 '최고'라는 단어와 거리가 멀었던 구단이기 때문이다. 커리가 처음으로 플레이오프를 맛본 2012-2013시즌 이전까지, 20시즌 동안 팀은 플레이오프에 단 2번 밖에 오르지 못했다. 1993-1994시즌에는 1라운드에서 탈락했고, 2006-2007시즌에는 컨퍼런스 준결승에 진출했지만 그 분위기를 지속적으로 이어가지 못했다. 긴 역사를 갖고 있는 팀이라는 것을 생각해보면 아쉬운 행보였다. 그러나 자세히 들여다보면 역사에 이름을 남겨온 스타 스코어러들을 다수 배출한 구단이라는 점은 의미가 있다.

'1940년대의 커리' 조 필크스

워리어스의 본래 연고지는 필라델피아였다. 1949년 NBA가 지금의 형태를 갖추기 전부터 BAA(Basketball Association of America)라는 리그에서 활동했다. 워리어스를 비롯한 BAA 리그 농구팀들은 2차 세계대전 이후 종전을 기념하고 축하하는 의미에서 창단됐다. 이제는 평화가 왔으니 시민들이 레저를 즐기면 좋겠다는 취지에서 스포츠에 미친 부호들이 지갑을 열었던 것이다. 필라델피아 워리어스를 창단한 초대 구단주 피터 테릴은 이미 아이스하키 팀을 보유하고 있을 정도로 스포츠를 좋아했던 인물이었다. 그는 초대 감독으로 필라델피아 지역 프로모터였던 에디 고틀립을 임명했다. 이는 구단뿐 아니라 NBA 역사에도 큰 영향을 주었다. 우크라이나 태생인 고틀립은 창단 원년인 1946-1947시즌 팀을 정상에 올려놨다. 고틀립은 지도자뿐만 아니라 행정가로 이름을 널리 알린 인물이다.

2

1954-1955시즌을 끝으로 지휘봉을 내려놓은 그는 NBA 사무국에 합류해 리그가 구색을 갖추는 데 일조한다. 특히 크디큰 미국 대륙을 오가는 복잡한 경기 스케줄을 직접 짜고 계속해서 그 체계를 발전시켜갔다. 혹자는 그런 고틀립의 활약을 두고 "NBA의 운명은 고틀립의 서류 가방에 달려있다"고 말하기도 했다. NBA는 그의 헌신을 추모하기 위해 신인상 트로피의 이름을 '에디 고틀립 트로피'라고 지었다. 코트 위에서 워리어스를 이끈 인물은 '점핑 조' 조 펄크스(196cm)였다. 지금이야 당연시 여겨지지만 투핸드 슛에서 원핸드 슛으로, 세트슛(서서 던지는 슛)에서 점프슛으로 바뀌는 과정은 상당한 진통이 있었다. 기성 농구인들의 반발도 있었다. 조 펄크스는 그 당시 '점프'를 잘 활용하면 얼마나 큰 도움을 받을 수 있는지를 제대로 보여줬다. 운동능력과 센스도 좋아 손쉽게 득점을 올렸다. 때로는 돌파로, 때로는 점프슛으로 팬들을 매료시켰다. 1947년에는 BAA 최초의 득점왕(23.2점) 자리에도 올랐다. NBA 출범 후에는 득점왕 자리에 오르진 못했지만, 1949년 경기에서는 63점으로 당시 기준 한 경기 최다득점 기록을 남겼다. 올스타에 선발된 것은 물론이었다. 그의 계보는 폴 아리진이 물려받았다. 191cm의 아리진은 NBA 25주년, 50주년, 75주년 팀에 모두 이름을 올린 초창기 전설 중 하나다. 신인상, 올스타 10회, 득점왕 2회, 올스타 MVP 등 무수한 영예를 안기도 했지만 가장 중요한 성취는 역시나 NBA 우승일 것이다. 1955-1956시즌 워리어스는 포트웨인 피스톤스(현 디트로이트 피스톤스)를 4승 1패로 꺾고 리그 정상에 올랐는데, 아리진은 플레이오프 10경기에서 28.9득점 8.4리바운드로 우승을 진두지휘했다.

테리토리얼 픽과 100득점

워리어스 흥망성쇠의 뒤에는 '테리토리얼 픽(territorial pick)' 제도가 있었다. 테리토리얼 픽은 NBA 출범 후 20년간 존재했던 제도로, 홈 팬들에게 '우리 지역 프로팀을 응원해야 할 이유'를 만들어주기 위해 탄생했다. 즉, 연고지 지역에서 태어나고 성장한 선수를 우선적으로 입단시킬 수 있는 제도였다. 1950년 필라델피아 워리어스에 입단한 폴 아리진은 고향이 필라델피아였기에 이 제도를 통해 영입했다. 1959년에는 월트 채임벌린이라는 대스타를 이 제도를 이용해 입단시켰다. 채임벌린이 다닌 학교는 캔자스 대학이지만, 태어나고 자란 곳은 펜실베니아주 필라델피아였기 때문이다. 채임벌린은 NBA 역사에 남을 '괴물'이었다. 216cm의 신장에 엄청난 기동력과 점프력을 지녔으며, 힘까지 좋아 막을 길이 없었다. 1959년 데뷔해 1973년 은퇴할 때까지 통산 31,419득점을 기록했다. 1960년부터 1966년까지 7년 연속 득점왕을 차지했는데 이는 마이클 조던이 등장하기 전까지 최고 기록이었다. 아마 여기서 채임벌린의 기록을 열거하자면 다섯 페이지도 부족할 것이다. 그가 워리어스에서 남긴 최고 업적은 아마도 '한 경기 100득점'일 것이다. 1962년 3월 2일, 뉴욕 닉스와의 경기에서 그는 혼자 100득점을 기록하며 팀 승리(169-147)를 주도했다. 채임벌린은 이 시즌에 평균 50.4득점으로 득점왕을 차지했는데, 100득점과 평균 50.4득점은 50년이 지난 지금까지도 깨지지 않고 있다. 이런 뛰어난 능력에도 불구, 채임벌린은 워리어스를 한 번도 정상에 이끌지 못했다. 그의 앞은 늘 보스턴 셀틱스가 가로 막았다. 채임벌린의 라이벌이었던 빌 러셀은 밥 쿠지, 존 하블리첵 등 스타 플레이어들과 함께 8년 연속 NBA 우승을 차지했다. 비록 우승을 거머쥐진 못했지만, 워리어스 구단은 채임벌린이 사용했던 13번을 영구결번 시켰다.

샌프란시스코로의 이전, 첫 우승

1962년, 워리어스는 필라델피아를 떠나 샌프란시스코로 연고지를 옮겼고, 1971-1972시즌부터 지금의 팀명 인 '골든스테이트 워리어스'를 사용하기 시작했다. 채임벌린 이적 후 팀을 주도한 인물은 릭 베리였다. 그는 1974-1975시즌 워리어스를 우승으로 이끌었다. 베리가 주도한 금빛 영광에 앞서 '네이트 더 그레이트(Nate the Great)'라 불렸던 네이트 써먼드 이야기부터 해야 한다. 채임벌린처럼 파괴적이진 않았지만, 누구보다 리바운 드와 수비에 진심이었다. NBA 역대 최다득점자인 카림 압둘-자바조차 가장 상대하기 까다로웠던 센터로 써 먼드를 꼽을 정도다. 그는 NBA 역사상 4명(써먼드, 하킴 올라주원, 데이비드 로빈슨, 앨빈 로벌슨) 밖에 이루지 못한 쿼 드러플더블을 기록한 선수이기도 하다. 득점, 리바운드, 어시스트, 스틸, 블록 중 세 부문에서 10개(혹은 10점) 이상을 올릴 경우를 트리플더블, 네 부문에서 10개 이상을 기록하는 것을 쿼드러플더블이라고 한다. 써먼드 는 1974년 10월 18일, 시카고 불스 전에서 22점 14리바운드 13어시스트 12블록으로 역사에 이름을 남겼다. 1967년, 써먼드는 베리와 함께 팀을 NBA 파이널에 올려놨지만 이때는 준우승에 만족해야 했다. 당시 워리어 스를 가로 막은 팀은 필라델피아에 새 둥지를 튼 필라델피아 세븐티식서스(76ers)였고, 팀을 이끈 핵심멤버는 다름 아닌 '옛 식구' 채임벌린이었다. 써먼드는 그 뒤 다시 우승에 도전하지 못했다. 베리가 1975년 NBA 우승 을 이루었을 때 써먼드는 이미 다른 팀으로 옮겨간 뒤였다.

1975-1976시즌은 워리어스의 마지막 전성기였다. 59승 23패로 리그 최고 승률을 기록했다. 그러나 컨퍼런스 결승에서 한 수 아래로 여겨졌던 피닉스 선즈에게 7차전 접전 끝에 패했다. 그 뒤 '스플래시 브라더스'가 등장 하기 전까지, 골든스테이트 워리어스를 NBA 우승후보 리스트에서 볼 일은 없었다.

RUN, RUN, RUN!

골든스테이트가 다시 주목을 끈 것은 1980년대 후반의 일이다. 포인트가드 팀 하더웨이, 슈팅가드 미치 리치 몬드, 스몰포워드 크리스 멀린 트리오가 뭉쳤다. 사람들은 세 선수의 이니셜을 따라서 'RUN TMC'라는 별칭 을 붙여줬다. 당대 최고의 랩 그룹 'RUN D.M.C'를 패러디한 것이었다. 그 중심은 가장 먼저 데뷔(1985년)한 멀 린이었다. 세인트존스 대학 출신으로, 드래프트 1라운드 7순위에 지명됐던 멀린은 정말 득점을 쉽게 올리던 선수였다. 알콜 중독으로 고생하기도 했지만, 이를 극복하고 정상급 스코어러로 우뚝 섰다. 1992년 바르셀로 나올림픽에 출전한 오리지널 드림팀의 일원이기도 했다. 3년 뒤 리치몬드가 가세했다. 리치몬드는 신인상을 수상하고 올-루키 퍼스트 팀에 올랐을 정도로 출중한 득점력을 지녔다. 드라이브인은 물론이고 3점슛도 능했 다. 바로 다음 시즌인 1989-1990시즌, 막내 팀 하더웨이가 가세하면서 마침내 트리오가 결성됐다. 세 선수가 70~80점씩을 내외곽에서 기록했다. 그러면서 성적과 별명이 따라왔다. 'RUN TMC'라는 별명은 지역 신문 사 공모를 통해 결정됐다. '던킨 고(go)넛츠', '버뮤다 트라이앵글', '마이 쓰리 건즈(My Three Guns)' 등 다양한 아 이디어가 나왔으나, 결국 미국의 힙합 레전드 'RUN D.M.C'에서 아이디어를 빌린 'RUN TMC'로 결정됐다. 돈 넬슨 감독은 'RUN TMC'를 중심으로 달리는 농구를 시도했다. 평균 득점 116점(리그 1위). 그 시기 고득점 을 올리는 팀들이 많긴 했지만, 그 중에서도 유독 빨리 달리고 코트를 휘젓는 농구로 많은 사랑을 받았다. 한

달에 백투백(이틀 연속 경기) 일정이 4~5번씩 잡혀있었고, 5일간 4경기를 각기 다른 도시에서 치르는 타이트한 일정이 계속되었음을 생각해보면, 이 페이스를 유지하면서 성적까지 챙겼다는 것은 정말 놀라울 수밖에 없다. 제 아무리 수비에서 힘을 많이 쏟지 않았다고 해도 말이다.

'RUN TMC' 결성 2번째 시즌이었던 1990-1991시즌. 골든스테이트는 전 시즌(37승 45패)보다 발전한 44승 38패(서부 7위)로 플레이오프에 진출했고, 1라운드에서 샌안토니오 스퍼스(서부 2위, 55승 27패)를 꺾는 이변을 연출했다. 이처럼 모든 것이 다 잘 될 것 같이 보였던 'RUN TMC'였지만, 그들의 역사는 더 이어지지 않았다. 1991년 11월 2일, 돈 넬슨 감독과 골든스테이트는 리치몬드를 빌리 오웬스와 바꾸는 조건으로 새크라멘토 킹스와의 딜에 합의한다. (리치몬드와 함께 레스 젭슨, 1995년 2라운드 지명권이 같이 새크라멘토에 넘어갔다) 넬슨은 '사이즈'를 원했다. 1991년 드래프트 3순위로 선발된 빌리 오웬스(203cm)는 나름대로 다재다능하고 전도유망한 선수였다. 그 해 드래프트에서는 알론조 모닝과 함께 가장 재능있는 선수로 여겨졌고, 돈 넬슨 감독이 추구하는 스몰볼 시스템에서라면 보다 다양한 역할을 소화할 것으로 기대를 모았다. 넬슨 감독은 "내 생애 가장 힘든 결정"이라면서도 "오웬스는 슈팅가드, 스몰포워드, 파워포워드를 모두 볼 수 있을 것"이라 기대했다. 그러나 골든스테이트는 1991-1992시즌에 55승(서부 3위)을 거두었지만 플레이오프에서는 1라운드에서 탈락하고 말았다. 두 시즌간 거둔 성적도 81승 83패에 불과했다. 넬슨 감독도 후회했지만 버스는 이미 지나간 뒤였다. 훗날, 넬슨 감독은 이 트레이드를 두고 "내가 범한 최악의 실수였습니다. 리치몬드를 보내서는 안 됐습니다"라고 돌아봤다.

이후 골든스테이트의 1990년대와 2000년대는 암울, 그 자체였다. 뭔가 될 듯 하다가도 사건이 터지면서 뒷걸음질 쳤다. 1993년에 뽑은 기대주 크리스 웨버는 돈 넬슨 감독과 싸워서 팀을 떠났고, '새 간판'으로 기대했던 라트렐 스프리웰은 훈련 중에 P.J 칼리시모 감독의 목을 졸라 중징계를 받았다. 1997년 12월의 일이었다. 2000년대에도 그들은 꾸준히 달렸다. 열심히 던지고 넣었지만 그만큼 내주기도 많이 내줬다. 2006-2007시즌, 배런 데이비스와 제이슨 리처드슨 콤비가 플레이오프에서 서부 1위팀 댈러스 매버릭스를 잡는 대이변을 일으켰지만 단 한 시즌에 그치고 말았다. 2009년 스테픈 커리의 데뷔는 한 줄기 빛과 같았다. 그리고 2010년 팀을 인수한 조 레이콥과 피터 구버가 팀 문화를 바꾸기 시작하면서 골든스테이트도 마침내 NBA 팀 밸류에이션 상위에 오르는 엘리트 팀이 될 수 있었다.

WARRIORS

GOLDEN STATE

GOLDEN STATE WARRIORS

MVP

Wilt Chamberlain 윌트 채임벌린 1960
Stephen Curry 스테픈 커리 2015, 2016

파이널 MVP

Rick Barry 릭 베리 1975
Andre Iguodala 안드레 이궈달라 2015
Kevin Durant 케빈 듀란트 2017, 2018

올스타 MVP

Paul Arizin 폴 아리진 1952
Wilt Chamberlain 윌트 채임벌린 1960
Rick Barry 릭 베리 1967
Kevin Durant 케빈 듀란트 2019

우승

6

1947
1956
1975
2015
2017
2018

- - - - - - - - - - - - - - - - - - - -

영구결번

13 윌트 채임벌린

14 톰 메셔리

16 알 애틀스

17 크리스 멀린

24 릭 베리

42 네이트 써먼드

골든스테이트워리어스

소속	서부 컨퍼런스
디비전	퍼시픽
창단	1946년
홈구장	체이스 센터
연고지	샌프란시스코
역사	필라델피아 워리어스 1946~1962 샌프란시스코 워리어스 1962~1971 골든스테이트 워리어스 1971~현재

Golden
Days

커리를 중심으로 강팀으로 거듭난 골든스테이트가 최강의 팀이 되기 위해서는

'더 킹' 르브론 제임스가 이끄는 클리블랜드를 넘어야 했다.

NBA 파이널에서 4년 연속 맞붙은 역사에 남을 스테픈 커리와 르브론 제임스의 4년 전쟁이 시작됐다.

"""

더 이상 내가 뭘 더 할 수 있는 게 없더라고요.
계속해서 그를 압박하고 막아섰지만,
그래도 그는 믿기지 않는 슛을 넣었습니다.
정말 막기 힘든 선수입니다. 그러니 MVP가 되었겠지요.

앤써니 데이비스 LA 레이커스

스테픈 커리 vs 르브론 제임스
4년 전쟁의 시작

2013-2014, 2014-2015시즌

시스템 정착 완료! 우려를 씻은 감독 교체

"요즘 들어 골든스테이트라는 팀에 대해 많이 생각해보게 됩니다. 제가 감독이
된 이래 요즘처럼 자주 이 팀을 살펴본 적은 없는 것 같아요. 왜냐면 이 팀은
정말 재밌게 농구하거든요. 돈을 주고 표를 사서 보라고 해도 전 골든스테이트
농구를 보러 갈 것 같습니다."

2013년 플레이오프 이후, 샌안토니오 스퍼스의 그렉 포포비치 감독은 스플래시
브라더스가 이끄는 골든스테이트를 진지하게 바라보기 시작했다. 그의 이 발언은
큰 의미가 있었다. 포포비치가 누구인가. 1996년부터 샌안토니오 지휘봉을 잡아
지금까지도 팀을 이끌고 있으며, 팀 던컨-마누 지노빌리-토니 파커 트리오를
앞세워 시대를 호령했다. 누군가는 그들을 '왕조'라 부르길 주저할지 모른다.
LA 레이커스나 시카고 불스처럼 2년 연속, 3년 연속 우승을 차지한 적은 없었으니
말이다. 그렇지만 1997-1998시즌 던컨 데뷔 이래 2018-2019시즌까지
매 시즌 5할 승률 이상을 기록하며 플레이오프에 진출했고, 그 사이 샌안토니오는
다섯 번 우승했다. 때로는 와일드하면서도 때로는 외갓집 삼촌 같은 부드러운
접근 방식으로 선수들로부터도 많은 사랑을 받아왔던 그는 여전히 NBA 최고의
감독으로 꼽히고 있다. 그런 포포비치 감독의 평가에서 볼 수 있듯, 골든스테이트는
진지하게 '얕잡아봐서는 안 될 팀'으로 변모하고 있었다. 커리가 건강히 돌아오고,
조력자들이 함께 성장하면서 골든스테이트는 2012-2013시즌을 47승 35패로

마쳤고, 플레이오프에서는 컨퍼런스 준결승까지 오르는 성과를 달성했다. 마크 잭슨 감독의 세 번째 시즌이었던 2013-2014시즌, 팀은 한 단계 더 성장해 51승 31패를 기록했다. 공격에 비해 수비가 떨어진다는 말은 옛말이 됐다. 104.3득점을 올리면서도 99.5점만을 내주면서 10번째로 적은 실점을 기록했다. 그 와중에 특유의 빠른 페이스도 유지했는데, 이 시즌 골든스테이트의 페이스는 96.2로 NBA 30개 구단 중 6위였다.

이 시즌 골든스테이트의 핵심은 여전히 스테픈 커리와 클레이 탐슨이었다. 데이비드 리, 앤드루 보거트, 해리슨 반즈, 드레이먼드 그린도 하나로 뭉쳐갔다. 여기에 골든스테이트는 하나의 중요한 조각 하나를 끼운다. 바로 안드레 이궈달라였다. 2004년 NBA 드래프트에서 9순위로 필라델피아에 지명됐던 이궈달라는 어느덧 10번째 시즌을 맞는 베테랑이었다. 골든스테이트에 합류할 무렵에는 이미 월드컵 우승(2010년), 올림픽 금메달(2012년)까지 거머쥐는 등 목표를 이룰 만큼 이룬 상태였다. NBA 올스타 (2012년)에도 뽑혔다. 이궈달라는 자기 득점만 챙기는 선수가 아니었다. 그는 평균 12.4점만을 올리고도 올스타에 뽑혔는데, 그만큼 공격과 수비 양면에서 끼치는 영향력이

큰 선수였다. 한때 그를 지도했던 덕 콜린스 감독은 "기록지를 의미 없게 만드는 선수"라고도 표현했다. 이궈달라는 이적 직전 시즌인 2012-2013시즌을 덴버에서 보냈다. 57승 25패로 좋은 성적을 냈지만, 플레이오프 1라운드에서 골든스테이트에 패했다. 이 패배로 인한 파장은 컸다. 그 시즌 '올해의 감독'을 수상했던 조지 칼 감독이 해고됐고, 재계약을 고민하던 이궈달라는 마침 골든스테이트의 제안을 받고 이적을 결심했기 때문이다. 이궈달라가 밖에서 본 골든스테이트는 분위기가 밝으면서도 젊은 선수들 개개인이 자기 역할에 대한 자신감이 넘치는 팀이었다. 동시에 조 레이콥 구단주가 보인 장기적인 비전에 대한 믿음도 갖게 됐다. 그는 덴버가 제시한 5년, 5,700만 달러 계약을 뿌리치고 골든스테이트와 사인했다. 골든스테이트와의 계약 조건은 4년, 4,800만 달러였다. 이궈달라 영입은 성공적이었다. 올-어라운드 플레이어였던 그는 골든스테이트의 라커룸 분위기를 잡아주고 수비에서도 중심 역할을 해냈다. 동시에 커리의 보디가드 역할까지 해냈다. 커리가 한참 실책 때문에 외부로부터 비판을 받을 때 이궈달라는 커리를 불러놓고 이렇게 조언했다. "사람들 하는 말에 신경 쓰지마. 우리는 네가 실책 몇 개를

저지르든 신경 쓰지 않아. 너는 이미 리그 최고의 포인트가 드야. 올스타도 될 거야. 이 팀은 네가 이끄는 팀이야. 그러니까 하고 싶은 거 있으면 마음껏 해도 돼." 이궈달라는 9.3득점 4.7리바운드 4.2어시스트로 신인 시절 이후 가장 저조한 기록을 냈지만 앞서 콜린스 감독이 말한 것처럼 숫자로만 영향력을 평가하기에는 어려움이 있었다.

다시 골든스테이트 이야기로 돌아오자. 이 팀은 이제 완벽한 '커리의 팀'이었다. 2013년 플레이오프가 끝나고 말했듯이, 그는 모처럼 회복과 재활에 대한 걱정 없이 모든 시간을 농구에 투자했다. 78경기를 모두 주전으로 뛰며 평균 24.0득점(7위) 8.5어시스트(5위)로 활약했다. 3점슛은 261개를 넣어 2년 연속 리그 1위를 차지했다. 이런 활약 덕분에 시즌 후에는 데뷔 후 처음으로 올-NBA 세컨드 팀에 이름을 올리는 영예도 안았다. 생애 첫 NBA 올스타전 출전은 덤이었다. 이제는 커리가 30점, 40점을 넣어도 이상하지 않았다.

2014년 4월 15일, 골든스테이트는 미네소타 팀버울브스를 130-120으로 꺾으며 50번째 승리를 거두었다. 전반 한때 19점차까지 벌어졌던 분위기를 뒤집은 경기였다.

시즌 50승은 1993-1994시즌 이후 참으로 오랜만에 달성한 기록이었다. 커리와 선수들은 마크 잭슨 감독과 포옹하는가 하면 환호성을 지르고 춤을 추었다. 커리는 32득점 15어시스트로 역전승과 대기록을 자축했다. 그러나 플레이오프는 결코 쉽지 않았다.

서부 6위로 1라운드에서 서부 3위 LA 클리퍼스를 만난 골든스테이트는 시리즈 내내 수비에서 어려움을 겪었다. 이유가 있었다. 일단 센터 보거트가 갈비뼈 부상으로 시즌아웃 됐다. 이궈달라는 무릎 통증이 심해 시즌 후 수술을 받아야 할 처지였다. 선수들도 경험이 부족했다. 1차전은 109-105로 힘겹게 이겼지만 2차전과 3차전을 내리 패했다. 2차전은 98-138, 40점차의 보기 드문 대패였다. 커리의 3점슛이 폭발한 4차전에서는 118-97로 이기며 균형을 맞췄지만, 이내 5차전을 내주면서 다시 열세에 몰렸다.

당시 LA 클리퍼스는 구단주 도널드 스털링의 인종차별적 발언이 세간에 공개되면서 분위기가 어수선했던 상황이었다. 그의 인종차별 발언은 어마어마한 파장을 가져왔다. 녹취된 것이긴 했지만 스털링이 비하한 인물이 바로 NBA와 로스엔젤레스 농구를 대변해온 매직 존슨이었기 때문이다. NBA 사무국은 즉각 조치에 들어갔다. 구단주의 사소한 행동 하나가 플레이오프라는 축제를 망칠 수도 있고, 더 나아가 흑인 선수들이 절대적인 비중을 차지하는 리그에 악영향을 줄 수 있다고 본 것이다. 누가 봐도 농구에만 집중하기 힘든 상황. 그럼에도 불구하고 LA 클리퍼스는 5차전과 7차전을 잡으면서 2라운드에 오르는 기염을 토했다. 블레이크 그리핀과 크리스 폴을 제어하지 못했다 (NBA는 빠른 속도로 일처리를 진행해 스털링 구단주의 권한을 정지시켰다). 커리는 7차전에서 33득점 9어시스트를 기록했지만 막판을 버티지 못했다. 그는 경기 후 시즌 내내 정말 열심히 했기에 결과가 조금 실망스럽다며 고개를 떨어뜨렸다. 그런데, 클리퍼스만큼이나 골든스테이트도 우환이 있었다. 잭슨 감독의 해임설이 시리즈 내내 모락모락 피어났던 것이다. 경영진과의 갈등이 사유였다. 선수단은 2년 연속 성과를 낸 잭슨 감독을 지지했다. 커리도 인터뷰에서 감독을 응원했다. 잭슨 감독과 커리는 독실한 기독교 신자라는 공통점도 있었다. 잭슨 감독이 커리의 발목을 위해 예배를 가질 정도였다.

그러나 레이콥 구단주는 강경했다. 여러가지 이유가 있었는데 1차적으로는 구단 직원들과 갈등이 원인이 됐다. 잭슨 감독은 제리 웨스트를 비롯한 구단 직원들과의

커뮤니케이션이 원활치 않았다는 평가를 받았다. 예컨대 자신과 뜻이 맞지 않는다는 이유로 어시스턴트 코치에게 역할을 주지 않는다거나, 팀 계획을 구단과 공유하지 않는 부분이었다. 실리콘 밸리 출신으로, 단순한 대주주를 떠나 경영까지 깊이 관여하던 레이콥 구단주는 성적만큼이나 관계를 중요시 여겼다. 전력 강화는 긍정적이었지만 굳이 안 좋은 관계를 가져가면서까지 이기고 싶진 않아 했다. 레이콥 구단주는 지역언론사 《머큐리 뉴스》와의 인터뷰에서 "골든스테이트 워리어스 구단에는 선수 15명만 일하는 것이 아닙니다. 저는 모든 직원들이 중요합니다"라고 잘라 말했다. 사실, 이 결정은 한동안 언론과 NBA 관계자들로부터 '미친 짓'이라는 평가를 많이 받았다. 1라운드에서 탈락했다고는 해도 부상자가 많은 상황이었고, 누가 봐도 2년간 눈부신 발전을 했던 것은 사실이었기 때문이다.

늘 3월만 되면 휴가 생각부터 했던, 수비에는 관심이 없었던 팀을 이처럼 진지한 팀으로 만든 잭슨 감독의 공로는 무시할 수 없을 것이다. 게다가 골든스테이트가 잭슨 감독을 해고하고 데려온 인물이 감독 경력이 일천한 스티브 커라는 점에서 다들 의아해했다. 제리 웨스트, 마이클 조던, 코비 브라이언트의 평전을 펴냈던 롤랜드 라젠비 기자는 "스티브 커라고? 트라이앵글 오펜스라도 시도할 셈인가?" 라고 비꼬았다. 라젠비 기자는 스티브 커 감독이 과거 시카고 불스의 전설을 주도했던 필 잭슨 감독의 제자라는 점에서 착안, 다른 여러 제자들이 그랬던 것처럼 트라이앵글 같은 시스템 농구를 할 것이라 생각했다.

글로벌 스타로 올라서다

그러나 로젠비 기자의 예상은 완.전.히 틀렸다. 일단
스티브 커 영입 배경부터 생각해봐야 한다. 커 영입에
주도적인 역할을 한 인물은 제리 웨스트였다. 웨스트는
막 단장으로 승진했던 밥 마이어스와 함께 커리를 더
효율적으로 활용해줄 감독을 찾아 나섰다. 마크 잭슨 감독의
수비 플랜은 인정하지만, 공격에서 고립되는 상황이 워낙
잦다보니 연계성이 부족하고, 팀으로 발전하기에는 한계가
있다고 봤던 것이다. 더불어 커뮤니케이션 능력도 중요했다.
잭슨이 나가게 된 궁극적 문제점을 해소시켜줄 인물이
필요했던 것이다. 그리하여 낙점된 인물이 바로
스티브 커였다. 커는 필 잭슨, 그렉 포포비치 밑에서 뛰었고,
마이클 조던과 팀 던컨이라는 슈퍼스타들을 보좌했던
인물이었다. NBA 역사상 최고의 리더들 밑에서 농구를
배우고, NBA 역사상 최고의 슈퍼스타들과 경기를 뛰어본
인물이었던 것이다. 피닉스 선즈의 단장직을 맡기도 했으며,
해설위원으로도 명성을 떨쳤다. 중간에는 《야후》에서
칼럼니스트로도 활동했다. 필자는 언젠가 기사 작성을 위해
'칼럼니스트' 스티브 커와 이메일을 주고받은 적이 있었는데,
너무나도 깔끔한 문체와 상세한 설명에 감탄했던
기억이 있다. 프로농구 감독을 꿈꿔온 스티브 커는 마침
골든스테이트와 뉴욕 닉스로부터 모두 제안을 받았는데,

고민 끝에 골든스테이트를 택했다. 그는 감독이 된 뒤에는
곧장 선수단과 면담을 가졌다. 잭슨 감독 해임에 따른
안 좋은 분위기를 알고 있었기 때문이다. 동시에
외부 전문가들을 초빙해 멘탈 문제, 케미스트리 문제 등에
대한 조언을 구하기도 했다. 심지어 선수단을 더 잘 알기
위해 선수들의 고교, 대학 시절 은사와 대화를 나누기도
했다. 스티브 커가 코트에서 내세운 키워드는 '페이스 &
스페이스'였다. 스몰라인업을 중심으로 빠른 템포의 공격을
펼치는 것이다. 커리와 탐슨 등 슛이 좋은 선수들을
살리기 위해 꾸준히 스크린을 걸고 커트인을 하는 등
유기적인 움직임을 가져가도록 했다. 드래그 스크린,
엘리베이터 도어 스크린 등 슈터들이 빠르게 슛 찬스를
잡을 수 있는 전술을 도입했다. 커 감독이 내세운
스몰라인업은 스테픈 커리–클레이 탐슨–드레이먼드 그린–
해리슨 반즈–안드레 이궈달라가 중심이 되었는데
이 라인업의 효과가 커지자 팬들은 '데스 라인업(death
lineup)'이라는 별칭을 붙이기도 했다. 마크 잭슨 전임
감독이 그려놓은 밑그림에 커 감독 스타일의 채색이
입혀지자 '명작'이 됐다.
2014년, 5승 2패로 시즌을 시작한 골든스테이트는
11월 13일부터 12월 14일까지 무려 16연승을 달리며
'잘하는 팀'에서 '강팀'의 레벨로 올라섰다. 이후 8연승,

5연승, 12연승 등 무섭게 승리 행진을 달리며 순식간에 60승을 돌파, 급기야 67승 15패로 시즌을 마쳤다. 11월, 12월, 1월···. 한 달, 한 달이 지날 때마다 골든스테이트 주가는 무섭게 치솟았다. 골든스테이트는 110.0득점으로 리그 1위를 기록했다. 실점은 99.9점으로 득실 마진도 어마어마했다. 99.9실점 자체는 NBA 중간 정도였지만 디펜시브 레이팅을 비롯해 수비를 얼마나 효율적으로 잘 했는지를 나타내는 지표에서는 리그 1위였다. 팀의 중심은 커리-탐슨-그린이 있었다. 특히 그린은 이 시즌 평균 8.7개의 어시스트를 기록하며 자신의 진면목을 보였다. 때로는 템포를 푸시하며 속공 농구를 주도했고, 리바운드와 몸싸움 등 이른바 '더티 워크(dirty work)'를 자처하며 분위기를 끌어줬다. 커리는 어땠을까. 그 역시 댈러스 매버릭스전에서 51득점을 올리는 등 득점력을 마음껏 뽐냈다. 3점숏 실력도 '진화'했다. 작은 틈이라도 나면 언제든 올라갔다. 거리도 따지지 않았다. NBA 3점숏 거

리는 7.24m다. 이는 올림픽이나 여타 유럽, 아시아 리그가 채택한 국제농구연맹(FIBA) 기준(6.75m) 보다도 먼 거리다. 그러나 커리는 8m는 물론이고 때로는 하프라인 바로 앞에서도 3점숏을 던져 성공시켰다. 억지로 힘을 실어 던지지도 않았다. 마치 그곳이 3점숏 라인인 것처럼 자연스럽게 올라가 성공시켰다. 팬들이 늘어난 이유였다. 커리는 3점숏도 덩크숏만큼이나 관중들의 환호를 끌어낼 수 있다는 것을 보여주었다. 과거에는 '골밑이 가장 득점성공확률이 높은 지역'이라 하여 인사이드 공략을 강조했지만 굳이 커리에겐 그럴 필요가 없었다. 그에게 가장 자신있는 구역은 3점숏 라인 밖이었기 때문이다. 커리는 80경기에서 3점숏 286개를 성공시켰다. 다시 한 번 자신의 최고 기록을 새로 썼다. 이쯤 되니 《ESPN》을 비롯해 여러 매체에서 커리의 슈팅 비결을 분석하는 보도가 쏟아졌다. 국내 지상파 스포츠뉴스에서도 커리를 다뤘다. 지상파 스포츠 뉴스가 국제대회 금메달이나 4~5초짜리

하이라이트 영상이 아닌 이상 좀처럼 농구를 다루지 않는다는 점을 감안하면, 그만큼 커리의 위상이 높아졌음을 알 수 있다. 필자 역시 미디어 인터뷰에 몇 차례 임했는데, 2012년 제레미 린 열풍 이후 관심이 그토록 높았던 것은 처음이었다. 커리의 2014-2015시즌 자유투 성공률은 무려 91.4%였는데 이도 커리가 NBA 데뷔 이후 최고 기록이었다. 귀여운 외모에 정확한 슈팅, 그리고 이를 가능케 하는 기가 막힌 드리블 실력과 그의 재치는 커리를 NBA 올스타 팬 투표 1위 자리에 올려놓았다. 커리는 상상조차 하지 못했던 일이라며 기쁨을 감추지 못했다.

커리의 2014-2015시즌 평균 득점은 23.8점이었다. 이는 전 시즌보다 0.2점 하락한 기록이었는데, 골든스테이트 팬들은 아쉬워하지 않았다. 커리는 팀이 큰 점수차로 이기는 날이 워낙 많다보니 4쿼터를 통째로 쉬는 경우가 많았다. 《USA 투데이》는 "점수차가 너무 많이 벌어져 4쿼터에 아예 투입도 되지 않은 경우가 17번이나

됐다"라고 보도했다. 이처럼 승승장구하자 미디어는 또 한 번 커리의 신데렐라 스토리를 부각시키고자 했다. 2015년 올스타 주간 인터뷰에서 커리는 이렇게 말했다. "제 이야기는 고등학생 때로 거슬러 올라갑니다. 저는 대학에 갈 때도 그리 오퍼를 많이 받지 못했습니다. 드래프트에서도 로터리 픽에 지명됐지만 사람들은 여전히 제가 슈터일 뿐, 포인트가드 역할은 못할 거라 예상했지요. 저는 그 예상을 뒤집고, NBA에서 자리를 잡기 위해 노력을 많이 했습니다. 비록 부상도 있었지만, 정말 다행히도 잘 이겨내고 이렇게 훌륭한 팀에서 뛸 기회를 얻었습니다."

4년 전쟁의 시작

커리가 대학교 2학년이었던 2008년, 르브론 제임스가 데이비슨 대학과 위스콘신 대학간의 NCAA 토너먼트를 관전하러 왔을 때만 해도 두 선수가 훗날 NBA 정상을 놓고 그토록 치열한 전투를 펼칠 것이라 전망한 이는 아무도 없었을 것이다. '유망주' 커리는 당시 자신을 보러와준 르브론에게 고마움을 전했다. 그러나 2014-2015시즌 플레이오프가 시작될 때 두 선수는 더이상 슈퍼스타와 대학 유망주의 관계가 아니었다. 물론 2003년 데뷔한 르브론의 세계적 인지도나 쌓아온 업적 등은 비할 바 못 됐지만, 커리 역시 마냥 어린 선수만은 아니었다는 의미다. 커리는 이미 올스타 팬 투표에서 가장 많은 표를 받은 선수였으며, 2014-2015시즌의 눈부신 활약을 앞세워 정규시즌 MVP에도 선정됐다. 그 시즌 NBA에서 가장 핫한, 그리고 가장 가치있는 선수임을 인정받은 것이었다. 그의 경기는 늘 매진을 보장했고, 시청률도 잘 나왔다. 유니폼 역시 날개 돋힌 듯 팔렸다.

플레이오프에서도 그 선전은 계속됐다. 뉴올리언스 펠리컨스와의 1라운드는 가뿐히 4승 0패로 제압했다. 커리는 연장까지 가던 3차전에서 40득점 9어시스트를 기록했고, 시리즈를 마무리한 4차전도 39득점을 올렸다. 3차전은 골든스테이트의 위력을 확인할 수 있었다. 불과 1년 전, LA 클리퍼스 베테랑들에 밀려 고비를 못 넘겼던 골든스테이트는 4쿼터 돌입시점에서 20점차까지 밀리던 경기를 따라잡아 연장전에서 기어이 뒤집었다. 3쿼터까지 69-89로 졌지만 그 다음 17분은 53-30으로 크게 이겼다. 경기 후 커리는 라커룸에서 크게 환호했다. 아직 시리즈를 끝낸 건 아니었지만, 기세를 잡은 것에 대한 기쁨을

2015 NBA FINAL

2015년 파이널은 경기 포맷이 바뀌고 치러지는 2번째 파이널이었다. 원래는 2-3-2 방식이었다. 즉, 상위 시드팀이 1~2차전을 홈에서 치른 뒤, 원정에서 3~5차전을 치르고 이후 홈으로 돌아와 6~7차전을 치르는 방식이었다. 그러나 상위 시드팀이 오히려 불리하다는 이야기가 꾸준히 나왔다. 파이널처럼 예민하고 중요한 무대에서 중요한 3~5차전을 적진에서 머무르다보니 오히려 하위 시드팀이 더 유리하다는 지적이었다. 물론, 기선 제압도 중요하기에 1~2차전을 먼저 홈에서 갖는 것도 좋지만 원정 경기가 늘어나는 것은 결코 반갑지 않았을 것이다. 결국 2014년, 마이애미 히트와 샌안토니오 스퍼스 시리즈부터는 다른 플레이오프 시리즈와 똑같이 2-2-1-1-1 방식으로 바뀌었다. 골든스테이트는 홈에서 2차전을, 원정에서 3차전을 내줬지만 4차전 승리를 발판삼아 중요한 5차전을 홈에서 이기며 우승에 다가갈 수 있었다.

유감없이 표현했다. "플레이오프, 그것도 원정에서 이 정도 열세를 뒤집기란 쉽지 않습니다. 우리는 이 경기가 시리즈를 컨트롤 하는데 있어 가장 중요한 고비가 될 거라 생각했어요. 그래서 이 승리가 뜻깊습니다." 경기 후 커리가 했던 말이다. 사실, 이 경기는 커리나 탐슨의 득점력만으로 이긴 경기는 아니었다. 상대는 둘 중 하나는 반드시 슛을 던질 것을 알고 있었다. 그러나 모리스 스페이츠, 드레이먼드 그린 등 뛰어난 리바운더이자 스크리너들이 끊임없이 기회를 제공해주고 상대 빅맨들을 괴롭혔다. 3차전에서 골든스테이트가 잡아낸 공격 리바운드는 무려 22개였다. 그들은 커리는 던져서 넣을 것이란 믿음이 있었고, 커리는 내가 못 넣어도 그들이 잡아줄 것이란 믿음이 있었다. 진정한 원팀이었던 것이다. 스티브 커 감독은 커리에게 그 공을 돌렸다. "스테픈의 자신감 레벨은 무엇으로도 설명이 불가능합니다. 겁이 없죠. 모든 빅샷을 넣을 수 있는 선수입니다. 그게 팀에 영향을 주고 있죠." 4차전의 한 장면은 그 자신감의 크기를 대신 말해준다. 뉴올리언스에는 208cm의 빅맨 앤써니 데이비스가 있었다. 크고, 길며 유연하고 영리한 빅맨이었다. 그는 필사적으로 커리를 막아섰다. 그러나 커리는 여유있게 데이비스를 앞에 두고 3점슛을 넣었다. 대부분 그런 상황에서라면 높이에 위축되어 한번은 던지는 걸 고민했겠지만, 커리는 그러지 않았다. 데이비스는 "더이상 내가 뭘 더 할 수 있는 게 없더라고요. 계속해서 그를 압박하고 막아섰지만 그래도 그는 믿기지 않는 슛을 넣었습니다. 정말 막기 힘든 선수입니다. 그러니 MVP가 되었겠지요"라며

패배를 인정했다. 뉴올리언스의 몬티 윌리엄스 감독도 MVP에 찬사를 보냈다. '엘리트 중 엘리트'라는 표현까지 사용했다. "종종 커리를 상대하는 것이 불공평하다고 생각해요. 레벨이 다른 선수가 아닌가 싶거든요." 골든스테이트는 컨퍼런스 준결승에서 멤피스 그리즐리스, 컨퍼런스 결승에서 휴스턴 로케츠를 각각 4승 2패, 4승 1패로 제압했다. 2015년 5월 28일, 휴스턴을 104-90으로 제압하고 40년 만에 파이널 진출을 확정지은 커리는 "이제 우리 차례입니다! 팬들은 40년 간 이 순간을 기다려왔어요. 이제 우리가 우승할 때입니다"라며 승리를 자축했다. 4차전 당시 경미한 부상이 있었지만 커리는 전혀 영향을 안 받은 듯, 26득점을 기록했다. 대망의 파이널 무대 상대는 르브론 제임스의 클리블랜드 캐벌리어스. 오랜 시간 서로를 인정하고 존중해온 두 스타의 격돌은 엄청난 화제가 되었다. 앞서 2년 간 열린 르브론 제임스와 팀 던컨의 대결이 '전설의 격돌'이었다면, 이번 대결은 횃불을 지닌 자와 횃불을 물려받으려는 자의 대결이었다. 르브론과 커리 사이에는 흥미로운 이슈도 있었다. 1984년 12월 30일생인 르브론과 1988년 3월 14일생인 커리가 알고보니 오하이오주 애크론의 같은 병원(애크론 제네럴 메디컬 센터)에서 태어났던 것이다. 뿐만 아니라 두 선수가 태어났을 때 케어해준 간호사도 동일인이었다. 물론 태어난 시기도 다르고, 부모님들끼리 아는 사이도 아니었지만 기막힌 우연이 알려지자 두 선수 모두 웃음을 감추지 못했다. 커리는 "재밌는 일화였어요. 어렸을 때 6개월 정도 애크론에서 지냈다고 들었어요. 저는 기억을 못하지만

4 : 2

Golden State		GAME		Cleveland
108	1	GAME 1 2015. 6. 4	0	100
93	1	GAME 2 2015. 6. 7	1	95
91	1	GAME 3 2015. 6. 9	2	96
103	2	GAME 4 2015. 6. 11	2	82
104	3	GAME 5 2015. 6. 14	2	91
105	4	GAME 6 2015. 6. 16	2	97

요"라며 웃어넘겼다. 세계의 시선이 쏠린 가운데, 이 기막힌 우연의 주인공들이 코트에 설 준비를 하고 있었다.

스티브 커 감독은 르브론과의 매치를 '도전'이라 표현했다. 다재다능한 선수이기에 매사에 조심하고 신중해야 한다는 것이다. 실제로 르브론은 애틀랜타 호크스와의 컨퍼런스 파이널 시리즈에서 30.3득점 11.0리바운드 9.3어시스트를 기록했다. 시즌 중 골든스테이트와의 맞대결에서도 돌파, 3점슛, 포스트업 등 자신의 모든 장점을 뽐내며 수비를 무력화시켰다. 반대로 클리블랜드도 어떻게든 커리를 멈추게 할 무기를 찾아야 했다. 과연 두 선수에 대한 매치업과 수비 전술로 무엇을 택했을 지 궁금증이 증폭되는 가운데 2015년 6월 4일, 파이널 1차전이 시작됐다. 1차전은 그날 구글 검색어 1위였고, 동시간대 최고 TV 시청률을 기록했다. 전년도 파이널보다 높은 것은 당연했고, 1998년 시카고 불스와 유타 재즈 시리즈 이후 평균 시청률도 가장 높게 나왔다.

시리즈에서 먼저 웃은 쪽은 골든스테이트였다. 그러나 여정은 쉽지 않았다. 48분도 모자라 연장전 5분을 더 치른 끝에 108-100으로 이겼다. 커리는 26득점 4리바운드 8어시스트로 코트를 누볐고, 탐슨이 21점을 보탰다. 르브론 제임스는 44득점으로 개인기록은 훌륭했지만 지원 사격이 부족했다(르브론은 4쿼터 막판 경기를 끝낼 기회를 잡았으나, 그의 습관을 잘 알고 있던 이궈달라의 수비에 막히면서 의도대로 하지 못했다). 연장전은 말그대로 '버티기' 싸움이었는데, 커리가 재치있게 얻은 자유투를 성공시키면서 웃을 수 있었다. 클리블랜드는

1차전을 치르면서 패배보다 더 쓰라린 손실을 입는다. 바로 르브론의 파트너, 카이리 어빙이 종료 2분여를 남기고 무릎 통증을 호소하며 물러났던 것. 어빙은 진단결과 슬개골 골절로 판명됐고, 남은 시리즈를 더 뛰지 못했다. 클리블랜드에서 어빙은 르브론의 파트너, 그 이상의 존재였다. 커리에게 수비 부담을 줄 수 있는 중요한 자원이었다. 어빙이 빠지면서 전문가들은 골든스테이트가 손쉽게 시리즈를 정리할 것이라 전망했다.

이미 클리블랜드는 케빈 러브가 어깨 수술로 일찌감치 시즌아웃 된 상태였다. 팀내 득점 2,3위없이 르브론 홀로 67승의 골든스테이트를 상대하기에는 어려워 보였다. 그러나 놀랍게도 클리블랜드는 2차전에서 골든스테이트를 96-93으로 잡았다. 이 경기 역시 연장까지 가서야 승부가 결정됐는데, 커리는 극도의 슈팅 부진을 겪으며 빌미를 제공했다. 3점슛 15개 중 13개가 빗나갔다. 이는 당시 기준 파이널 한 경기 최다 3점슛 실패 기록이었다(기존 기록은 1994년 존 스탁스의 11개다). 그런데 커리가 부진했던 이유는 단순히 컨디션 문제만은 아니었다. 어빙의 대타로 나선 매튜 델라베도바의 찰거머리 수비가 한몫했다. 당시 팀 감독을 맡고 있던 데이비드 블랫조차 "이 친구 이름 외우는데 3개월 걸렸다"라고 말할 정도로 발음이 생소했던 신인 선수였다. 그는 특유의 허슬 플레이로 커리의 리듬을 방해했다. 몇 번이고 커리가 넘어지게 만들었다. 경기 후 커리는 패배를 자신의 탓으로 돌리며 "이런 일이 반복되지 않을 것"이라 다짐했다. 예상 외로 클리블랜드의 반격이 거센 나머지, 3차전은 패했지만 21점차 대승을 챙긴

4차전과 13점차로 이긴 5차전에서 각각 22점, 37점을
올리며 이름값을 해냈다. 특히 5차전에서는 42분간 3점슛
7개를 포함 승부처 활약을 펼치면서 승리를 이끌었다.
이날 커리는 4쿼터에서만 17점을 기록했는데, 델라베도바의
수비조차 힘을 쓰지 못할 정도였다. 2015년 기준으로,
지난 40년 간 NBA 파이널 경기 4쿼터에서 17득점을 올린
선수는 겨우 5명밖에 없었다. 그것도 모두 2000년대에
나왔다. 샤킬 오닐(2000년 레이커스), 드웨인 웨이드
(2006년 마이애미), 러셀 웨스트브룩과 케빈 듀란트(2012년
오클라호마)가 바로 그들이었다. 커리는 이 활약 이후 완전
탈진했다고 한다. 현지 언론에서는 5차전 직후 커리가
극심한 탈수 증세를 보였다고 전했다. 구단주(조 레이콥)도
커리 걱정에 라커룸으로 달려갔을 정도. 그러나 커리는
자신의 피로감보다는 3승 2패로 시리즈를 뒤집었고,
자신이 그 승리에 도움이 됐다는 사실에 안도하고 있었다.
"2차전, 3차전에서는 '내가 왜 슛을 놓치고 있지'라는
생각도 들었어요. 1차전은 잘 했거든요. 3점슛이 잘 터진 건
아니지만, 중요한 슛을 넣었으니까요. 물론 그래도 자신감을
잃었던 건 아닙니다. 슛이 들어갈 기회는 계속 올 겁니다.
4승을 챙길 때까지 더 많은 도움을 주고자 노력할
것입니다."
5차전 승리로 시리즈를 3승 2패로 역전시킨 골든스테이트는
결전의 6차전을 위해 다시 클리블랜드로 향했다.
사실 시리즈가 장기화되면서 골든스테이트가 우승할
것이라는 팬들의 확신은 더 강해지고 있었다. 2, 3옵션 없이
고군분투하는 르브론의 체력이 갈수록 떨어지고 있었기
때문이다. 스티브 커 감독은 시즌 내내 식스맨으로 기용해온
이궈달라를 주전으로 올리는 깜짝 용병술을 선보였는데,
이것이 '르브론 제어'에 큰 영향을 주었다. 6차전 승부는
3쿼터에 거의 결정됐다. 열심히 쫓아갔던 클리블랜드였지만,
3쿼터 47-45 이후 더 이상 접전은 없었다. 골든스테이트는
4쿼터 내내 거의 두 자리 점수차로 앞서갔으며, 끝내
105-97로 승리를 거두었다. 1975년 이후 40년 만에
NBA 정상에 오르는 순간이었다. 커리는 25득점으로 팀내
최다득점자가 됐다.

파이널 끝자락에서 찾아낸 우승 레시피

사실, 커리의 팬들이라면 아쉬운 순간이 있었다.
NBA 파이널 MVP 트로피의 주인공이 커리가 아니었기

때문이다. NBA 파이널 MVP는 리그 사무국이 정한
투표 인단의 투표에 따라 결정되는데, 그들은 MVP로
이궈달라를 선정했다. 4차전까지만 해도 식스맨으로
출전했던 그였지만, 상대팀 에이스인 르브론을
중요할 때마다 잘 틀어막으며 찬사를 받았다. 실제로
경기 중에도 몇몇 팬들은 그를 향해 'M-V-P!'라고 외치기도
했다. 커리도 5차전을 승리로 이끄는 등 선전했지만
투표인단의 시각에서는 이궈달라가 공·수에서 보인
올-어라운드 플레이가 더 가치가 있었다고 판단했던 것
같다. 팬들 중에서는 커리의 진정한 레거시가 완성되기
위해서는 커리어에 파이널 MVP가 필요하다고 보는
이들이 있는데, 그런 면에서 2015년 파이널 MVP 수상을
놓친 것은 아쉬운 대목일 수도 있다.
그렇다면 커리의 반응은 어땠을까. 커리는 우승 그 자체에
의미를 두었다. 필자가 직접 경험해보고, 또 취재하면서
들어본 커리라는 인물은 자신에게 주어지는 상에 무게를
두는 스타일은 아니었다. 오히려 그는 먼저 "안드레
(이궈달라)는 파이널 MVP가 될 자격이 있는 인물입니다.
공·수 양면에서 정말로 준비된 모습을 보여주었죠.
원래 이런 활약을 할 줄 아는 선수였습니다. 그 능력을
이번 파이널에서 제대로 보여준 것뿐이지요. 상대팀의
가장 위대한 선수를 훌륭히 막아줬기에 우리가 우승할 수
있었습니다"라며 축하 인사를 전했다.
커리는 우승의 여정을 '성공을 향한 레시피를 찾는 과정'이라
설명했다. 그 레시피란 무엇일까. "이타적이어야 해요.
농구는 개인의 성공보다 팀의 성공이 더 중요합니다.
그러기 위해서는 서로를 믿고 움직여야 하죠. 팀으로서
목표를 이루기 위해서는 모두가 역할이 있어야 하고
모두가 그 역할에 충실해야 합니다."
커리는 또한 파이널을 치르는 동안 자신에게 쏟아진
수많은 시선과 기대를 이겨내는 과정 또한 쉽지 않았다고
고백했다. 주변의 잡음을 제거하는 것 역시도 중요했다며
말이다. "우승을 위해서는 주변의 잡음을 없애야 합니다.
그게 가장 큽니다. 그리고 저 스스로를 믿어야 합니다.
모두가 저를 바라보고 주시할 것입니다. 그러나 부담을
가져선 안 됩니다. 여기까지 온 만큼 이기는 것만 생각하고
헌신해야 했습니다."
이처럼 자신보다는 팀을 먼저 생각하고, 동료에게 먼저
축하와 감사 인사를 전하는 그가 있었기에 골든스테이트도
'왕조'로 역사에 이름을 올릴 수 있었던 것은 아니었을까.

STEPH & AYESHA

커리 인생의 어시스터 아예사 커리

코트 위 스테폰 커리에게 클레이 탐슨이란 슈팅 파트너가 있다면, 코트 밖에서는 탐슨만큼이나 중요한 파트너가 있다. 바로 아내 아예사 커리다. 스테폰 & 아예사 커리 부부는 NBA에서 가장 유명한 커플이다. 대중에게 가장 많이 노출된 커플이기도 하며, 그만큼 활동 하나하나가 화제가 되고 있다. 커리는 시즌이든 비시즌이든 하루 중 가장 중요한 일과로 가족들과의 시간을 빼놓지 않는다. 가장 큰 동기부여가 되는 대상이며, 가장 힘이 나게 하는 존재이기 때문이다. '동안의 암살자'라는 섬뜩한(?) 별명처럼 승부처에서는 누구보다 냉철하고, 승부욕 강한 선수이지만 코트 밖에서는 '딸 바보', '아내 바보'라 불릴 정도로 가정적이기도 하다. 딸 앞에서는, 아내 옆에서는 '외모 몰아주기'는 물론이고, 우스꽝스러운 포즈와 춤도 불사한다. 이러한 커리의 모습은 SNS와 각종 동영상 사이트에서도 화제가 되기도 했다. 커리의 빛나는 순간에는 늘 그의 곁에 1살 연하의 아내 아예사 커리가 있었다. 둘의 인연은 10대였던 청소년 시절로 거슬러 올라간다. 둘은 샬럿의 한 교회 청년부에서 알게 됐다. 첫 눈에 반해 사랑에 빠진 건 아니지만 오랫동안 호감을 갖고 지내온 끝에 결혼했다. 둘이 처음 데이트를 한 건 대학 시절로, 당시만 해도 운동선수에 대한 편견이 있었던 아예사는 계속된 만남 속에서 스테폰에 대한 확신을 갖게 됐다고 한다. 커리는 크리스마스 가족 모임에서 사랑을 고백했고, 2011년 7월 30일에 사랑의 결실을 맺었다.

아내는 든든한 동반자이자 서포터

아예사는 남편의 든든한 동반자가 됐다. 발목 수술로 낙담할 때도, 재기를 위해 피나는 노력을 할 때도 옆에서 긍정의 에너지를 더해주었다. 아예사 커리의 전공은 요리. 방송도 출연하고 책도 냈던 아예사는 남편의 몸 관리를 위해 직접 칼로리를 계산해 음식을 차릴 정도로 지극정성이다. 아예사의 에너지는 경기장으로도 이어진다. 골든스테이트 경기 중계를 보면 시아버지인 델 커리 부부와 함께 열렬히 응원하는 아내의 모습을 종종 볼 수 있었다. 때로는 심판 판정에 같이 야유를 보내고, 남편의 빅샷에 함께 소리를 지르는 모습이 영락없는 '골스 팬'이다. 종종 그 열정과 사랑이 과한 나머지 SNS에 엇나간 글을 올려 뜨거운 감자가 되긴 했지만, 다른 한편으로는 남편과 함께 불우아동을 돕고 봉사활동

에 나서는 등 이 시대 NBA의 모범 부부로 적극적인 모습을 보였다. 둘은 2019년 7월, 오클랜드 지역에 'Eat, Learn, Play' 재단을 설립하기도 했다. 말 그대로 잘 먹고, 잘 배우고 안전하게 놀 수 있는 공간을 마련해주기 위한 재단이다. 팬데믹 사태가 일어나 아이들이 학교를 가지 못하고, 이로 인해 식사에도 지장을 겪자 백만인 분 요리를 공급하기도 했다. 커리는 그런 아내에 대해 "나의 서포트 시스템, 그 자체"이자, "농구 이상으로 내 삶을 지탱해주는 중요한 인물"이라고 말한다.

커리는 딸 바보

커리 부부 슬하에는 세 자녀가 있다. 2012년에 태어난 장녀 라일리는 허니문 베이비다. 라일리는 커리가 NBA 초년생일 때 골든스테이트의 단장을 맡았던 인물이다. 커리는 아이 이름을 짓기 전, 허락을 구하기 위해 라일리 단장을 찾아갔는데 라일리는 그 순간을 '잊지 못할 감격의 순간'이라고 회고하기도 했다. 한동안 홈경기가 있을 때면 커리는 늘 라일리를 안고 다녔다. 심지어 파이널 기자회견에도 데리고 들어와 온 미디어의 시선을 사로잡았다. 워낙 인기가 좋다 보니 한 기자는 장난삼아 "딸에게 스포트라이트를 뺏기셨는데, 질투 나진 않습니까?"라고 물었을 정도. 또, 2015-2016시즌 개막 기념 기자회견에서는 "라일리가 언니 역할을 잘 하고 있나요?"라는 질문도 나왔다. 2015년 7월에 태어난 둘째 라이언을 잘 돌보고 있냐는 의미였다. 보통 NBA 선수들은 프라이버시에 대한 질문에는 길게 답변하지 않는 편이지만 '딸 바보' 커리는 라일리는 동생을 정말 잘 보살피는 훌륭한 언니가 되어가고 있다며 흐뭇해했다. 이들 부부는 2018년 7월에 셋째이자 첫 아들인 캐넌을 맞이했다.

한편 커리는 유명한 농구인 가족이기도 하다. 동생 세스 커리는 필라델피아 세븐티식서스 감독 닥 리버스의 딸이자, 오스틴 리버스의 여동생인 캘리 리버스와 2019년 화촉을 올렸다. 또 여동생 시델은 대미언 리와 결혼했다. 대미언 리는 2021-2022시즌 현재 골든스테이트에서 커리와 함께 뛰고 있다. 시델은 대학시절까지 배구 선수로 뛰었고 결혼 후에는 인플루언서로 활동 중이다. 이처럼 커리 남매가 새로운 사랑과 함께 행복한 가정을 꾸린 반면, 자녀들 인생에 가장 큰 영향을 준 아버지 델 커리와 어머니 소냐 커리는 2021년 8월 이혼 소송에 들어가 모두를 놀라게 했다.

대기록 스트레스가 가져온 시리즈 역전패

2015-2016시즌

20년 만의 시즌 최다승 기록

"점프슈팅 팀은 우승할 수 없어." 1990년대 슈퍼스타였고 은퇴 후 평론가로
활동하는 찰스 바클리는 호언장담했다. 바클리의 시대는 '불리 볼(buly ball)'의
시대였다. 압도적인 빅맨을 앞세워 골밑을 점령하는 팀이 강세였다. 페인트존에서
더 쉽게 득점을 하고 상대 수비를 흔들 수 있는 빅맨에 프리미엄이 붙었다.
하킴 올라주원, 패트릭 유잉, 데이비드 로빈슨, 샤킬 오닐 같은 빅맨들 말이다.
네 명은 모두 지난 2021년 10월, NBA가 75주년을 맞아 발표한 위대한 76명의
선수에 이름을 올렸다(애초 이 리스트는 75명이지만, 동률이 나온 관계로
76명으로 최종 발표됐다). 스테픈 커리의 골든스테이트 워리어스가 우승하면서
찰스 바클리는 자신의 말이 틀릴 수도 있음을 인정했다. 필자는 커리에게
당시 바클리의 코멘트에 대해 물어봤는데 커리는 "바클리는 점프슈팅 팀을
안 좋아하는 것 같더군요(웃음). 하지만 점프슈팅 팀이라도 수비를 잘 한다면
우승할 수 있다는 사실을 증명했다고 생각합니다"라고 말했다.
하지만 바클리처럼 생각했던 농구인들은 적지 않을 것이다. 2004-2005시즌,
피닉스 선즈가 스티브 내쉬와 아마레 스타더마이어를 앞세워 펼친 스피드 농구는
골든스테이트의 모태와도 같았다. '7 Seconds or less(7초 이내 공격)'가 철학인
팀이었다. 속공, 수많은 픽앤롤과 픽앤팝, 그리고 3점슛 등. 피닉스의 농구는
NBA를 흔들어 놓았다. 비록 그 픽앤롤만큼이나 위대한 헷지 & 리커버리 수비를

내세운 샌안토니오 스퍼스가 화염 같던 피닉스를
잠재웠지만, 당시 내쉬도 2년 연속 MVP가 될 정도로
센세이션을 일으켰다.

그때도 피닉스 농구를 바라보던 농구인들 사이에서는
기대와 우려가 공존했다. 결과적으로는 포스트와 수비가
강한 샌안토니오가 우승하면서 그 불안감을 해소시켜
주었지만 말이다. 10년이 지나면서 또 한 번 농구는 변화의
기로를 맞는다. 그리고 그 흐름을 주도한 팀이 '페이스 &
스페이스'로 대변되는 골든스테이트임은 부정할 수 없다.
과소평가 받던 스테픈 커리는 일본 소년 스포츠만화에나
나올 법한 스토리로 NBA를 휘어잡았다. 언제, 어느 자세에서
던지든 3점슛은 쏙쏙 림에 꽂혔고, 그 곁을 드레이먼드
그린과 클레이 탐슨 등이 지켰다. 일사불란하게 스크린을
걸고 커트인하며 공간을 창출하고 찬스를 만드는
가운데서도 사방에서 노룩 패스가 나오고 앨리웁 플레이가
만들어졌다. 관중들이 열광할 수밖에 없는 플레이였다.
골든스테이트가 홈구장으로 사용하던 오라클 아레나는
전 경기 매진. 시즌 티켓도 동이 났다. 우리 돈으로 10만원을
내야 '대기자 리스트'에 이름을 올릴 수 있었는데 이마저도
수백 명이 기꺼이 지불할 정도로 인기가 폭발적이었다.
이렇다 보니 골든스테이트는 원정길에서조차 구름 관중을
몰고 다녔다. 이 시즌, 골든스테이트와 함께
했던 센터 모리스 스페이츠는 필자와의 인터뷰에서
그 시절 자신의 모습을 '락 스타'에 비유했다. 어딜 가든
관심이 끊이지 않고, 환호가 폭발적이었던 그런 락 스타
말이다. 그 중심에 있던 선수가 바로 커리였다.
2014-2015시즌 우승 후에도 커리의 초심은 흔들리지
않았다. 자신에 대한 견제가 날로 강해지는 만큼, 그 역시
그 피지컬한 견제를 이겨내기 위한 트레이닝을 이어갔다.
이 시기의 커리는 자신이 아버지로부터 물려받은 특유의
재능이 만개했다고 볼 수 있다. 어렸을 때는 보일 듯
말 듯했던 재능과 센스가 대학에 가고 키가 자라면서,
자신감을 얻으면서 비로소 보이기 시작했던 것처럼,
NBA에서도 거듭된 성공과 훈련으로 성장했다.
미국 여자프로농구(WNBA) 레전드 리사 레슬리는 《ESPN》의
분석 프로그램 '디테일(Detail)'에서 이런 말을 한다.
"우리는 커리의 패스를 종종 간과합니다. 저 패스 스킬은
가르친다고 되는 것이 아닙니다." 커리는 이런 실력을
앞세워 2015-2016시즌, 가장 주목해야 할 인물이 되어
새 시즌에 돌입한다.

2015-2016시즌의 시작은 그야말로 드라마틱 했다.
출발은 다소 불안해보였다. 스티브 커 감독이 서있기도
힘든 허리디스크로 자리를 비우게 됐는데, 마침
골든스테이트 수석 코치였던 앨빈 젠트리도 뉴올리언스
펠리컨스 감독으로 스카웃됐다. 팀은 '초보' 루크 월튼에게
일시적으로 지휘봉을 맡겼다. 그러나 벤치에 누가 앉아있든
이 시기 골든스테이트는 큰 문제가 없어보였다. 시즌의 문을
24승 0패로 열었다. NBA 개막 최다 연승이었다.
"내 사전에 패배란 없다." 이 말은 허언이 아니었다.
2015년을 30승 2패로 마친 골든스테이트는 올스타
휴식기까지 48승 4패를 달렸다. 이쯤 되니 사람들은
'역대 최고의 팀'을 다시 논하기 시작했다. 이 페이스라면
1995-1996시즌 시카고 불스가 세운 한 시즌 최다승(72승)
도 넘을 것 같았기 때문이다. 1995-1996시즌 시카고는
복귀 후 처음으로 풀 시즌을 맞은 마이클 조던과 '리바운드
머신' 데니스 로드맨, 올-어라운드 플레이어 스카티 피펜,
최고 식스맨 토니 쿠코치를 앞세워 매 경기 상대를
압도했다.
스티브 커는 당시 시카고의 3점슛 스페셜리스트였다.
골든스테이트와는 농구 스타일이 많이 달랐다. 시카고를
지탱하던 공격 시스템은 트라이앵글 오펜스였다. 공격이
꼬일 때면 마이클 조던이 개인 능력으로 시원하게 공격을
풀어줬다. 수비에서는 론 하퍼까지 가세해 상대 공격을
질식 직전까지 몰고 갔다. 그들은 1995-1996시즌을
시작으로 3시즌 연속 우승을 차지했는데, 1990년대에만
두 번째 이룬 리그 3연패였다. 사람들은 골든스테이트와
시카고를 비교하며 누가 더 나은 팀인가를 논하기 시작했다.
이 토론에는 전직 시카고 선수들까지 일제히 동원됐다.
그러나 시즌을 치르는 중인 골든스테이트 선수들에게는
심히 부담이 될 수밖에 없는 상황이었다.
출발이 워낙 좋았던 만큼 어떻게든 기록을 달성하고
우승을 거머쥐어야 한다는 목표 의식 때문이었다.
스테픈 커리의 스트레스도 만만치 않았다. 아마도 목표를
이루어야 한다는 생각보다는, 주변의 수십, 수백 명으로부터
매일밤 같은 이야기를 듣는 것에 대한 스트레스였을지도
모른다. 그는 올스타 휴식기 당시 인터뷰에서
"시즌 스트레스를 여기까지 끌고오고 싶지 않아요"라며
기록에 대한 코멘트를 최대한 아꼈다. 골든스테이트는
4월 3일 포틀랜드 트레일 블레이저스를 136-111로
격파하고 69승을 달성한다. 1971-1972시즌과

1996–1997시즌, 각각 LA 레이커스와 시카고가 달성했던 역대 최다승 2위 기록이었다. 70승 고지를 밟기까지는 며칠이 더 걸렸다. 대다수가 이틀 뒤 열린 미네소타 팀버울브스 전이 'D-DAY'가 될 거라 봤다. 골든스테이트 홈 경기였고, 미네소타는 원정에서 13승 26패에 그치고 있던 최약체였기 때문이다. 그런데 골든스테이트는

이 경기에서 연장전까지 가며, 117–124로 졌다. 더 충격적인 것은 경기 내용이었다. 한때 17점차까지 앞섰지만 실책을 쏟아내더니 역전패를 당한 것이다. 기록의 무게감 때문인지, 대부분의 매체들은 정작 극적인 승리를 거둔 미네소타에 대해서는 거의 관심을 주지 않은 채 패한 골든스테이트 선수들의 패배 소감을

듣기에 바빴다. 커리는 이날 25개의 슛을 던져 17개를 실패했다. 2015-2016시즌의 페이스를 생각해보면 분명 '부진했다'라고 표현하는 것이 맞다. 커 감독과 커리 모두 갑자기 '사명'처럼 여겨지게 된 70승 고지로 인해 적잖이 영향을 받았음을 인정했다. 드레이먼드 그린도 "우선 집중부터 해야 합니다. 우리는 집중력을 잃었어요.

그러니 실책이 나오죠. 수비도 엉망이었습니다. 그러자 문제가 발생했죠"라며 분발을 촉구했다. 골든스테이트에게 70승 고지를 내준 팀은 그 시즌 우승 경쟁을 펼친 샌안토니오였다. 골든스테이트는 우승 경쟁자를 112-101로 꺾고 역사적인 70승을 달렸다. 이 시즌 샌안토니오는 여러 번 헤드라인을 뺏겼다.

2016 NBA FINAL

NBA 플레이오프에서 1승 3패를 극복하고 승리를 거둔 사례는 그리 많지 않았다. 1968년부터 모두 13번 있었다. 1995년 우승팀 휴스턴 로케츠는 6번 시드로 플레이오프에 올라 컨퍼런스 준결승에서 우승후보 피닉스 선즈에 역전승을 거두었다. 1승 3패 열세를 뒤집고 7차전까지 가서 승리한 것이다. 1997년 마이애미 히트(동부 준결승), 2003년 디트로이트 피스톤스(동부 1라운드), 2006년 피닉스 선즈(서부 1라운드) 등도 같은 업적을 달성했다. 2016년 골든스테이트는 '뒤집는 즐거움'과 '뒤집히는 아픔'을 모두 겪었다. 서부 결승에서 오클라호마 시티 썬더에 1승 3패로 밀리다 역전승을 거둔 반면, 파이널에서는 클리블랜드에 3승 1패로 리드하다 7차전에서 뼈아픈 패배를 당했다. 파이널에서 '1승 3패 뒤집기'는 현재까지 2016년이 유일하다. 2020년 덴버 너게츠는 버블에서 열린 1라운드와 컨퍼런스 준결승에서 내리 뒤집기 드라마를 썼다. 1라운드에서는 유타 재즈에 1승 3패로 열세를 보이다가 7차전에서 저말 머레이를 앞세워 승리했고, 2라운드에서는 LA 클리퍼스를 꺾고 컨퍼런스 결승까지 갔다. 한편 닥 리버스 감독은 뒤집기 드라마에서 이름을 자주 보인다. 2003년 패배팀(올랜도 매직), 2015년 패배팀(LA 클리퍼스), 2020년 패배팀(LA 클리퍼스) 모두 리버스 감독이 있었다.

3 : 4

GOLDEN STATE WARRIORS				CLEVELAND
104	1	GAME 1 2016. 6. 2	0	89
110	2	GAME 2 2016. 6. 5	0	77
90	2	GAME 3 2016. 6. 8	1	120
108	3	GAME 4 2016. 6. 10	1	97
97	3	GAME 5 2016. 6. 13	2	112
101	3	GAME 6 2016. 6. 16	3	115
89	3	GAME 7 2016. 6. 19	4	93

기대를 모았던 시즌 첫 맞대결에서는 90-120으로 완패했고, 방금 언급한 것처럼 70승째 승리의 희생양이 되었으며, 바로 며칠 뒤 열린 시즌 마지막 맞대결에서는 86-92로 지면서 골든스테이트가 72승으로 역대 최다승 타이 기록을 세우는데 조연 역할을 해야 했다. 샌안토니오에게 이 패배는 유독 더 쓰라렸다. 2015-2016시즌, 홈에서 당한 첫 패배였기 때문이다. 커리는 이 경기에서 37득점을 올리며 승리를 도왔다. 경기 후 72승을 기록했던 시카고 불스 레전드들은 저마다 골든스테이트의 기록 달성을 축하했다. 아마도 이 팀의 감독이 옛 동료였던 스티브 커였다는 점도 의미가 컸을 것이다. 피펜은 또한 커리에 대해서도 "내가 봤던 가장 냉정한 슈터. 농구 지능 역시 굉장하다"라며 극찬했다.

골든스테이트는 시즌 마지막 경기였던 멤피스 그리즐리스 전까지 125-104로 이기면서 1995-1996시즌 시카고의 기록에 1승을 추가했다. 대기록을 올리던 날, 기록 보유자였던 마이클 조던은 "어메이징한 시즌을 보낸 것을 축하한다. 정말 보기 즐거운 팀이고 플레이오프도 기대된다"라고 축하인사를 전했다. 커리도 46득점으로 대기록을 자축했는데, 이날 이 경기는 73승 이상으로 의미가 있었다. 먼저 30.1득점으로 생애 첫 득점왕이 됐다. '득점 잘 하는 선수'의 이미지와 달리, 커리어 동안 득점 1위와는 인연이 없었던 그는 이 시즌 전체 평균 득점 1위에 등극하게 된다. 또한 3점슛 10개를 추가하면서 NBA 역사상 최초로 한 시즌 3점슛 400개를 돌파한 선수가 되기도 했다(그의 파트너 클레이 탐슨도 이 시즌에 276개를 성공시켰다. 이 역시도 탐슨의 최고 기록이었다). 역사상 그 누구도 달성하지 못했던 대기록이었다.

기록을 달성하는 순간, 체육관에는 'M-V-P'가 울려 퍼졌다. 커리를 응원하는 팬들의 메시지였다. 커리뿐 아니라 이 시즌의 워리어스는 그야말로 센세이셔널한 농구를 펼쳤다. 일단 시즌 내내 한 번도 연패에 빠지지 않았다. 전원이 활발히 움직이며 무서운 화력전을 보였다. 한 경기 어시스트 30개 이상을 기록한 경기만 무려 42회. 이는 구단 창단 이래 최고 기록이었다. 2위 팀인 애틀랜타 호크스가 18회였으니 골든스테이트의 패스가 얼마나 원활했는지 알 수 있다.

이러한 어시스트 덕분에 골든스테이트는 득점(114.9점), 어시스트, 3점슛 성공, 속공 등에서 NBA 전체 1위에 올랐다. "우리가 여기까지 오리라고 누가 알았을까요?" 경기 후 커리가 남긴 말이다. 커리와 동료들은 애써 의식하지 않으려 했던, 그러나 어느 순간부터는 '숙명'처럼 여겨졌던 73승 대기록 달성의 밤을 즐겼다. 이제 남은 목표는 단 하나, 바로 NBA 타이틀을 획득해 업적을 더 '완벽히' 만드는 것이었다.

들어가지 않은 슛

언젠가 미디어 컨퍼런스에서 스테픈 커리는 슛에 대해 이렇게 말했다. "중요한 슛이 들어가지 않았을 때 기분은 정말 끔찍합니다. 누구도 그런 슛을 던지고 싶어하지 않을 거예요. 하지만 그걸 걱정해서 안 던지는 것보다는 던지는 것이 낫겠죠. 던지지도 않고서 들어가지 않을 것을 걱정하면 안 됩니다. 실패를 두려워하거나 주눅들어선 안 된다고 생각해요."

그리고 그는 2016년 플레이오프를 '들어가지 않은 슛'이라 표현했다. 훌륭했던 정규시즌의 대가로 그는 만장일치 MVP가 됐다. 2년 연속 수상, 여기에 NBA 역대 최초의 만장일치 MVP. 그러나 커리와 골든스테이트 선수들의 마음은 복잡했다. 73승 + 우승으로 가는 길이 순탄치 않음을 몸으로 느끼고 있었기 때문이다. 우선 플레이오프 1라운드부터 일이 터졌다. 2쿼터 막판, 커리가 오른쪽 발목을 다쳤다. 3쿼터 초반 코트에 다시 올라 문제가 없는가 싶었으나 이내 통증을 느낀 듯 벤치로 돌아갔다.

팀은 104-78로 이겼지만 커리는 부상으로 2차전과 3차전을 쉬어야 했다. 골든스테이트는 커리 없이도 2차전을 이겼지만 3차전을 내주었다. 커리는 4차전 출전을 감행했으나 이번에는 코트의 미끄러운 바닥에 미끄러지면서 오른쪽 무릎이 꺾이고 만다. 검사 결과는 우측 내측측부인대(MCL) 손상. 최소 2주는 쉬어야 하는 부상이었다. 커리가 다시 코트에 선 것은 2016년 5월 9일 포틀랜드 트레일 블레이저스와의 2라운드 4차전이었다. 무릎을 다친 지 15일 만이었다. 그간 못 뛴 것에 대한 미안함 탓이었을까. 그는 36분간 40득점을 퍼부으며 팀에 귀중한 승리를 안겼다. 연장전에서만 무려 17점을 퍼부으며 NBA 새 기록을 세웠다. 커리는 경기 후 "동료들과 함께 하는 이 분위기가 너무 그리웠어요. 저는 농구를 정말 사랑합니다!"라며 기쁨을 감추지 못했다.

사실, 커리의 35분 출장은 스티브 커 감독의 계획을 훨씬 초과하는 수치였다. 경기 전 커 감독은 25분 정도만

뛸 것이라 내다봤다. 그렇지만 숀 리빙스턴이 테크니컬
파울로 퇴장을 당하면서 전력에 누수가 생기자 커리의
출전시간도 자연스레 늘었다. 그리고 그는 그 임무를 훌륭히,
아니 완벽하게 수행했다. 탐슨은 경기 후 "완전히 감을
잡은 것 같은데요? 다시 세계 최고의 선수이자, 역대 최고의
슈터로 돌아왔습니다"라며 '스플래시 브라더'의 복귀를
환영했다. 《ESPN》은 "스테픈 커리의 복귀는 다시
골든스테이트 워리어스를 클러치의 제왕으로 만들어주었다"
라고 보도하기도 했다. 포틀랜드 시리즈를 4승 1패로
마무리한 골든스테이트는 컨퍼런스 파이널에서
케빈 듀란트, 러셀 웨스트브룩의 오클라호마 시티 썬더와
격돌했다. 이 시리즈는 골든스테이트가 벼랑 끝에 몰렸던,
스티브 커 감독 부임이래 가장 힘들었던 시리즈로 꼽힌다.
1차전을 102–108로 지는 등 시리즈를 1승 3패로 시작했기
때문이다. 4차전을 94–118로 졌을 때 그 분위기는 극에
달했다. 이 경기에서 웨스트브룩은 36득점 11리바운드
11어시스트로 트리플더블을 작성하며 커리에게 탈락의
공포감을 심어주었다. 커리는 4차전까지 24.3득점에 그쳤다.
보통 선수에게 24.3점은 훌륭했지만, 그 선수가 커리라면
이야기가 달랐다.
야투성공률이 41.9%로 떨어졌고 3점슛도 신통치 않았다.
특히 4차전에서는 3점슛 10개 중 8개를 놓치며 19점에
묶였다. 심지어 기자들조차도 스티브 커 감독에게
"커리가 다쳤나?"라고 물어볼 정도였다. 골든스테이트도
자존심을 다쳤다. 정규시즌 내내 연패가 없었던 그들은
2경기 연속으로 전반에 72점 이상을 실점하며 무너졌다.
절치부심한 골든스테이트는 5차전에서 120–111로
기사회생, 여세를 몰아 내리 3경기를 잡으며 극적으로
파이널에 진출한다. 커리는 5,6,7차전에서 32.7득점,
3점슛 47.1%를 기록하며 자신이 왜 MVP인지를 입증했다.
초반 부진에도 불구하고 그는 7경기에서 3점슛 32개를
넣었다. 당시 기준, 7전 4선승제 시리즈 최다 성공
기록이었다. "파이널에 돌아가는 것이 이렇게도 힘든
일이었군요. 이제 4승만 더 챙기면 됩니다."
마지막 관문인 NBA 파이널에서 골든스테이트는 다시
클리블랜드를 만났다. 108–97로 4차전을 잡을 때만 해도
커리의 목표는 생각보다 빨리 실현되는 듯했다.
골든스테이트는 1차전 커리의 퇴장에도 불구하고
104–89로 이긴데 이어 2차전도 110–77로 승리하며
우승에 다가가는 듯했다. 3차전을 30점차로 대패했지만

4차전에서는 커리가 38점을 올리면서 시리즈를 3승 1패로
앞서갔다. 그런데 이 시점에서 생각하지도 못한 사고가
터진다. 4차전 4쿼터 종료 2분 42초를 남기고 터진 일이다.
드레이먼드 그린이 르브론 제임스의 낭심을 친 것이다.
코트에 넘어져있던 그린이 자신을 타고 넘어가려던
르브론의 행동에 분개해 매너에 어긋한 행동을 해버렸다.
당시에는 더블 파울이 불렸지만 사후 판독을 통해
플레이그런트 파울이 부여됐다. 애초 플레이그런트 파울을
받는다고 큰 문제가 되진 않지만, 그린의 경우는 달랐다.
이미 플레이오프에서만 4번째 플레이그런트 파울이었기에

앤드류 보거트가 3쿼터에 무릎 부상을 당했다. MRI 검사 결과 6~8주 진단이 나왔다. 남은 시리즈 전체 결장이 불가피하다는 의미였다. 보거트는 커리와 탐슨 등의 든든한 보디가드와도 같았다. 또 상대의 트리스탄 탐슨, 케빈 러브에 대항할 몇 안 되는 빅맨이기도 했다. 6차전에서는 안드레 이궈달라가 허리를 다쳤다. 이를 악물고 백코트하는 모습이 포착됐는데, 경기 중에 라커룸에 가서 물리치료를 받기도 했다. 이궈달라는 스몰라인업을 유지하기 위한 가장 중요한 카드였다. 설상가상으로 커리는 6차전 종료 4분 22초전, 6반칙 퇴장을 당하면서 분을 이기지 못한 나머지 마우스피스를 관중석으로 집어던졌다. 경기 후 바로 사과를 했지만, 그간의 커리를 생각해보면 어울리지 않는 행동이었다. 반대로 르브론은 5~6차전에서 내리 40+득점을 기록하면서 시리즈를 3승 3패 원점으로 돌려놨다. 이제 상황이 달라졌다. 파이널 역사상 1승 3패로 뒤지던 팀이 시리즈를 뒤집은 경우는 단 한 번도 없었다. 연이은 구설수와 부상, 그리고 이를 극복하는 과정에서 생긴 과부하와 체력 고갈, 73승을 한 만큼 우승까지 해야 한다는 부담감 등이 골든스테이트 선수단을 괴롭혔다. 경기 후 기자회견에서는 "여기서 지면 당신들의 업적에 훼손이 가는 것은 아닌가" 라는 질문이 압도적이었다. "우승하지 못하면 실패한 것 아닌가요?"라는 질문도 있었다. 사면초가에 처한 골든스테이트는 7차전에서 89-93으로 패하면서 끝내 '르브론 스토리'의 조연으로 전락하고 만다. 마지막까지 고군분투했지만, 승부처에서 르브론의 블록과 카이리 어빙의 결정타를 막지 못했다. 커리도 중요한 슛을 놓치며 체면을 구겼다. 시리즈 후 커리는 "해야 할 일을 하지 못했다"라며 씁쓸해했다. 클리블랜드의 역사적 행보 뒤에는 르브론 & 어빙 콤비의 활약도 있었지만, 집요한 '커리 공략' 이 있었다. 정규시즌 중 골든스테이트가 고전한 경기를 보면 대부분 커리가 수비에서도 큰 부담을 느끼면서 힘을 쓰지 못한 경우가 많았다. 클리블랜드는 커리에게 피지컬한 수비를 강요했고 몸 상태가 100%가 아니었던 커리는 이에 크게 고전했다. 보디가드들이 하나, 둘 부상으로 지쳐간 시점이었기에 그 효과는 상당했다. 마음을 다잡은 커리는 "부상을 변명으로 삼지 않을 겁니다. 기분이 안 좋은 건 맞아요. 그러나 이것이 팀으로 발전하는 연료가 될 것입니다"라며 부활을 약속했다.

규정에 따라 한 경기 출전정지 처분을 받은 것이다. 사실, 이때만 해도 매체들은 골든스테이트의 우승 전선에 이상이 없으리라 봤다. 커리의 결장에도 불구하고 기어이 여기까지 왔으니 말이다. 심지어 "그린은 규정상 경기장에도 못 들어온다. 우승 세리머니에 참석하지 못할 것 같다"라고 보는 이들도 있었다. 골든스테이트가 다음 경기에서는 우승컵을 들어 올릴 것이라고 봤던 것이다. 그러나 골든스테이트는 홈에서 치른 5차전을 97-112로 패하면서 2승 3패로 쫓기게 된다. 커리도 25점에 그쳤다. 3점슛 15개 중 10개가 빗나갔다. 게다가 주전센터

햄튼 5 결성!
그리고 2년 연속 우승
2016-2017시즌, 2017-2018시즌

거물이 합류한 골든스테이트

2016년 7월 19일 미국 라스베이거스 UNLV 맨델홀 센터(Mendenhall Center).
2016년 리우올림픽에 출전하는 미국농구대표팀의 첫 훈련이 열렸다.
NBA 슈퍼스타들이 대거 출전하는 만큼 전미, 아니 세계 각지에서 수많은 취재진이
몰렸다. 필자 역시 그 무리 중 하나였다. 미국대표팀은 훈련조차 생중계될 정도로
관심이 뜨겁다. 모두가 스토리를 갖고 있는 슈퍼스타들이기 때문이다. 그런데
이 자리에 모인 취재진이 관심을 갖고 있는 스토리는 단 하나인 것처럼 보였다.
바로 골든스테이트에 가세한 케빈 듀란트였다. 2015-2016시즌을 끝으로
자유계약선수가 된 듀란트는 대표팀이 소집되기 약 2주 전, 골든스테이트 합류를
선언했다. "나의 다음 챕터는 워리어스"라며 말이다. 바로 전 시즌 플레이오프에서
자신에게 뼈아픈 탈락의 경험을 안긴 팀에 가겠다는 것이었다. 계약기간은 2년,
연봉 총액은 5,430만 달러. 듀란트의 합류로 골든스테이트는 커리-탐슨-듀란트
라는 지구상 최고의 트리오를 보유하게 됐다. 73승을 하고 우승하지 못한
전 시즌의 아쉬움을 털겠다는 의지를 강하게 보였다. 올림픽대표팀에는
무릎 부상 여파로 휴식을 택한 커리를 제외, 그린과 탐슨, 듀란트가 합류해 있었고
질문 공세는 끊이지 않았다. 물론 그들도 뚜렷한 답을 주진 않았지만, 취재진은
셋이 모여있는 장면을 어떻게든 사진으로 남기고자 애썼고 무슨 대화를 나누는지
귀를 쫑긋 세웠다.

이런 지대한 관심이 계속되는 동안 커리는 휴식에 전념했다. 사실 커리는 국제대회와는 큰 인연이 없다. 2007년 U19 대표팀에 합류해 우승을 차지했고, 2010년과 2014년에 FIBA 농구월드컵에 출전했지만 그 뒤로는 줄곧 재활과 휴식에 전념했다. 스페인에서 열린 2014년 월드컵에서는 평균 10.7득점(3점슛 43.8%)을 기록했다. 2020년 도쿄올림픽에도 후보로 거론됐으나 이때도 코로나19와 휴식을 사유로 불참했다.

긴 휴식 뒤 미디어 앞에 선 커리는 패배를 많이 극복한 상태였다. 여름동안 파이널 경기를 돌려봤다는 커리는 "지나간 일에 연연하지 않겠다"며 새로운 도전을 선언했다. 긍정적인 자세로 새로운 시즌을 맞이하겠다는 각오였다. 그러나 그것이 '무모한 낙관'을 의미하진 않았다. "우리가 여유를 부릴 위치는 아니라 생각해요. NBA는 무엇이든 일어날 수 있는 리그이기 때문이죠. 이 순간을 즐기되, 과거에 얽매이거나 미래를 낙관하진 않을 것입니다."

골든스테이트는 시즌 내내 극도로 정돈된 경기력을 보였다. 24승 0패만큼 승률이 좋을 수는 없겠지만 첫 30경기를 26승 4패로 시작했고, 올스타 휴식기전까지 47승 9패를 기록했다. 최종 성적은 67승 15패. 트리오는 서로의 자존심을 내려놓고 말 그대로 '행복 농구'에 전념했다.

초창기 골든스테이트 농구를 대표하는 것이 '데스 라인업' 이었다면, 2016-2017시즌의 키워드는 '햄튼 5(Hampton 5)' 였다. 이는 듀란트 때문에 만들어진 명칭이다. 자유계약선수였던 듀란트의 합류를 설득하기 위해 커리, 탐슨, 그린, 이궈달라 등이 뉴욕 롱아일랜드 지역의 햄튼으로 이동했던 것에서 유래됐다. 그들의 첫 회동 장소였던 것이다. 커리는 "난 팀의 얼굴이 누구든 신경 쓰지 않아. 그저 네가 우리와 함께 해주면 좋을 뿐이야"라며 이미 슈퍼스타였던 듀란트를 설득했다. 결과는 앞서 말한 대로 훌륭했다. 득점(116.0점), 어시스트(30.4개), 스틸(9.5개), 블록(6.7개), 야투성공률(49.5%) 등에서 1위를 차지하면서 승승장구했다. 듀란트 영입을 성사시킨 밥 마이어스 단장은 '올해의 경영인'에 선정됐고, 좀 더 수비에 집중한 드레이먼드 그린은 '올해의 수비수'가 됐다. 커리와 듀란트는 올-NBA 세컨드 팀에 올랐다. 한 시즌 전만 해도 퍼스트 팀 이었던 커리는 세컨드 팀에 내려왔지만 개의치 않았다. 2016년 11월 5일 LA 레이커스 원정경기는 커리가 본인을 얼마나 내려놨는지 잘 보여주는 경기였다. 이날 커리는 3점 슛을 한 개도 넣지 못했다. 157경기 연속 성공 기록도 중단 됐다. 2014년 11월 11일부터 매 경기 최소 1개씩은 넣었던 그가 이날은 10개 중 한 개도 넣지 못한 것이다.

그러나 커리는 "다시 시작하면 되지 않나요? 한 개도 못 넣으니 기분은 이상하지만 계속 던질 거예요. 지금은 팀이 밸런스를 잡는 것이 더 중요합니다"라고 대수롭지 않게 넘겼다. 그리고 바로 3일 뒤, 그는 뉴올리언스 펠리컨스 전에서 홀로 3점슛 13개를 꽂아넣으며 한 경기 최다 성공기록을 새로 썼다. 또한 2월에는 200개째 3점슛을 꽂으면서 NBA 역사상 최초로 5시즌 연속 3점슛 200개 이상을 넣은 선수가 되기도 했다. 플레이오프를 맞은 커리와 탐슨, 여기에 중거리슛 최강자인 듀란트 트리오의 목표는 단 하나. 바로 우승이었다.

사실, 골든스테이트는 듀란트가 무릎 부상을 당해 마지막 19경기를 쉬는 악재를 맞았지만 중요한 시기에 건강히 돌아오면서 걱정을 씻을 수 있었다. 이후 그들은 1라운드에서 포틀랜드, 2라운드에서 유타 재즈를 4승 0패로 가볍게 제압했다. 심지어 컨퍼런스 결승전마저 4경기 만에 끝내버리는 위력을 발휘했다. 스티브 커 감독이 건강 문제로 잠시 자리를 비웠지만 티가 안 날 정도였다. 컨퍼런스 결승 상대는 샌안토니오였다. 사실 1차전은 아슬아슬했다. 커리가 종료 1분 48초 전 중요한 3점슛을 넣으며 승리(113-111)를 이끌었지만, 상대팀 에이스 카와이 레너드가 다치지 않았다면, 시리즈는 더 오래 갔을 것이다. 당시 레너드는

자자 파출리아의 발을 밟고 큰 부상을 입었는데, 파출리아의 고의성 다분한 행동은 논란이 되기도 했다.

1년 만에 돌아온 NBA 파이널. 골든스테이트는 끝까지 이성과 냉정의 끈을 꽉 잡았다. 3년 연속 만나게 된 클리블랜드를 상대로 첫 3경기를 내리 잡으면서 우승에 다가갔다. 2차전은 단 한 번의 역전이나 동점을 허용하지 않았다. 선수들은 "지난해에도 앞서다가 뒤집혔다"며 긴장감을 풀지 않았다. 스티브 커 감독 역시 다양한 라인업을 내놓으며 클리블랜드를 혼란에 빠트렸다.

1차전은 햄튼 5만큼이나 '코마 라인업(coma lineup)'이 힘을 얻었다. 커리-탐슨-듀란트-그린-리빙스턴으로 이어진 극단적인 스몰라인업이었다. 무릎 부상으로 고생하던 이궈달라의 공백을 메우기 위한 대안이었다. 이어 2차전은 저베일 맥기가 깜짝 주전으로 나와 커리의 스크린 파트너로 활약했다. 커리는 경기마다 최다득점자 자리를 듀란트에게 양보했지만 개의치 않았다. 2차전에서는 32득점, 3차전에서는 26득점으로 분투하며 승리를 도왔다.

2차전에서는 생애 첫 플레이오프 트리플더블(11어시스트 10리바운드)도 곁들였다. 골든스테이트는 4차전을 내줬지만 결국 4승 1패로 클리블랜드를 꺾고 정상에 섰다. 2016년의 악몽을 씻는 순간이었다.

117

2017 NBA FINAL

2017년 NBA 파이널 부제는 '트릴로지(trilogy)'였다. NBA 역사상 3년 연속 파이널이 같은 대진으로 구성된 건 이때가 처음이었다(물론, 이때만 해도 이들의 전쟁이 4년짜리가 될 거라 생각한 이는 거의 없었을 것이다). 북미 스포츠를 통틀어봐도 1950년대 이후로는 한번도 없었던 일이었다. NFL은 클리블랜드와 디트로이트가 1952년부터 3년 연속으로, MLB는 뉴욕 양키스와 뉴욕 자이언츠가 1921년부터 1923년까지, 그리고 NHL는 디트로이트와 몬트리올이 1954년부터 3년 동안 최후의 결전을 치른 바 있다. 한편 골든스테이트는 모든 시리즈를 스윕(4-0)으로 마무리하고 파이널에 돌입했다. 이 역시 NBA 역사에서는 처음있는 일이었다. 이어 파이널에서도 3차전까지 내리 승리를 거두면서 15승 0패, 사상 최초로 퍼펙트 우승을 눈앞에 두기도 했다. 4차전을 116-137로 지면서 승률 100% 달성에는 실패했지만, 5차전을 가져가면서 역대 플레이오프 최고 승률(94.1%)라는 또 하나의 대기록을 남기며 시즌을 마무리했다. 기존 플레이오프 최고 승률은 93.8%로, 2000-2001시즌 LA 레이커스가 달성(15승 1패)했다. 당시는 1라운드가 5전 3선승제였다.

파이널 MVP는 듀란트에게 가면서 또 한 번 기회를 놓쳤지만 역시나 커리는 신경쓰지 않았다. 오히려 그는 우승을 했다는 사실에 크게 기뻐했다. 사실, 파이널을 치르는 동안 그는 2016년 준우승에 대한 아쉬움, 불안감 등에 대해 몇 번이나 같은 질문을 받았고, 이에 대해 몇 번이나 같은 대답을 해야 했다. 그때마다 커리는 '아무 문제없다', '트라우마는 없다'는 말을 반복했다. 그리고 우승 직후 비로소 마음의 짐을 내려놓은 듯 활짝 웃으며 소감을 말했다. "우리는 이게 얼마나 힘들고 대단한 일인지 알고 있어요. 주변의 지적이나 비난과 상관없이, 마지막까지 완수해내는 것은 정말로 힘든 일입니다. 그래서 지금 이 순간이 더 행복합니다. 챔피언으로서 여름을 보내게 되어 기쁩니다."

슈퍼 맥스 계약으로 보상을 받다

2번의 정규시즌 MVP, 2번의 우승과 1번의 준우승. 그 뒤에 따라온 엄청난 개인 기록들. 무엇보다 웬만한 대도시 팀 못지 않게 높은 티켓 가격을 책정해도 날개돋힌 듯 팔리는 티켓과 구단 상품들까지. 커리는 말 그대로 '가장 가치있는 선수' 반열에 올라섰다. 골든스테이트는 커리에게 거액의 연장계약을 안긴다. 계약기간 5년. 무려 2억 100만 달러에 이르는 초대형 계약이었다. 4년 4,400만 달러 계약을 맺을 때만 해도 과연 커리가 그만한 투자 가치가 있는 선수냐는 물음이 따랐지만 이제는 누구도 계약에 토를 달지 못했다. 커리가 맺은

계약의 형태는 '슈퍼 맥스'였다. 슈퍼 맥스 계약은 구단이 스타에게 줄 수 있는 최대 수준의 계약을 의미한다. NBA는 매년 구단들이 한 시즌간 선수영입에 쓸 수 있는 금액 상한선(샐러리캡)을 정해준다. 슈퍼 맥스 계약은 팀 샐러리캡의 35%까지를 줄 수 있는, 선수가 누릴 수 있는 최고의 경지를 의미한다. 이 제도는 2017년에 도입되었다. 8년차 이상으로 계약 시점에서 3시즌 이내에 MVP나 올-NBA 팀, 올해의 수비수 등의 실적이 있어야 한다. 즉, 구단에서 주고 싶다고 하고, 선수가 받고 싶다고 해서 받을 수 있는 계약이 아니다. 현재 NBA에는 커리, 대미언 릴라드, 야니스 아테토쿤보, 조엘 엠비드, 루디 고베어, 존 월, 러셀 웨스트브룩, 제임스 하든, 루카 돈치치 등이 슈퍼 맥스 계약을 체결한 상태다. 커리는 2017년에 이어 한 번 더 슈퍼 맥스 계약을 맺어 NBA 역사상 이 계약을 2번이나 체결한 최초의 선수로 남아있다. 2017-2018시즌, 타이틀 방어에 나선 커리는 이 계약에 어울리는 활약을 펼쳤다. 2017년 12월 4일에는 3점슛 5개를 넣어 NBA 역사상 최단기간에 3점슛 통산 2,000개를 꽂은 선수가 됐다. 단 597경기 만에 이룬 대기록이었다. 이전까지 역대 1위 기록을 갖고 있던 레이 알렌이 824경기, 카일 코버가 1,015경기가 걸렸다는 점을 감안하면 굉장히 빠른 기록이었다. 커리가 이 기록을 달성할 무렵, 골든스테이트는 18승 6패를 기록 중이었다. 커리, 듀란트, 탐슨이 번갈아 득점 리더가 되면서 순항했다. 커리 개인적으로는 고비도 있었다. 기록을 세웠던 그 경기에서 커리는 오른쪽 발목을 다쳐

4 : 1

GOLDEN STATE WARRIORS				Cleveland
113	1	GAME 1 2017. 6. 1	0	91
132	2	GAME 2 2017. 6. 4	0	113
118	3	GAME 3 2017. 6. 7	0	113
116	3	GAME 4 2017. 6. 9	1	137
129	4	GAME 5 2017. 6. 12	1	120

11경기를 쉬어야 했다. 이 부상을 '개인적인 위기'라고 표현한 이유가 있다. 팀 자체적으로는 그 부상에 큰 영향을 받지 않았기 때문이다. 골든스테이트에는 듀란트와 탐슨이 있었다. 골든스테이트는 그 뒤로도 8연승을 달리는 등 총 11연승을 기록하며 리그 선두권 자리를 굳건히 했다. 아마도 이런 활약이 있었기에 커리도 마음 놓고 휴식을 취할 수 있었던 것은 아닐까. 실제로 커리는 12월 30일에 복귀해 38득점을 기록, 건재함을 과시했다.

1월 6일, 121-105로 이긴 LA 클리퍼스를 상대로는 단 30분만 뛰고 45득점(3점슛 8개)을 폭발시켰다. 커리는 이런 활약에 대해 "푹 쉰 덕분"이라고 말했다. 덕분에 얻은 '쌩쌩한 다리'는 커리에게 또 한 번 대기록을 만들어준다. 1월 27일 보스턴 셀틱스전은 이 시즌에 커리가 남긴 최고의 하이라이트였다. '스테픈 커리 대 카이리 어빙'으로 압축됐던 이날 커리는 49점을 기록하며 라이벌에게 판정승을 거두었는데, 그 중 13점을 마지막 1분 42초 동안 득점했다. 3점슛, 레이업, 그리고 자유투까지. 경기가 끝난 뒤 오라클 아레나 홈 팬들은 커리를 향해 다시 한 번 익숙한 그 호칭을 연호했다. 'M V P! M V P!' 커리는 그 순간을 즐겼다. "오늘 정말 엄청났다!"라며 스스로도 놀라워했다. 커리는 3월 말 왼쪽 무릎 인대를 다쳐 마지막 10경기를 결장했다. 이어 플레이오프에서도 샌안토니오와의 1라운드 시리즈를 모두 뛰지 못했다. 커리가 복귀한 것은 뉴올리언스와의 2라운드 2차전이었다. 약 6주 만의 복귀. 오랜만에 벤치에서 출격한 그는 28점을 올리며 팀 승리를 주도했다. 커리가 다시 득점포를 가동한 것은 서부 컨퍼런스 결승부터였다.

이 시리즈 7차전까지 가는 대접전이었는데, 그는 6차전 29득점, 7차전 27득점(10어시스트 9리바운드)을 올리며 4년 연속 NBA 파이널 진출에 앞장섰다.

약속의 3쿼터, 4년 전쟁의 끝

골든스테이트 팬들에게는 '약속의 3쿼터'라는 유행어가 있다. 전반을 뒤지더라도 3쿼터에 귀신 같이 경기력이 살아나 승리한다는 것이다. 이 역사는 스티브 커 감독 부임 초기로 돌아간다. 2014-2015시즌부터 2017-2018시즌 까지 골든스테이트는 3쿼터에 야투성공률 49.8%, 3점슛 성공률 42.0%를 기록했다. 1~4쿼터 들어 가장 생산력이 높은 구간이었다. 《ESPN》은 이를 두고 '가장 충격적인 3쿼터'라는 표현을 쓰기도 했다. 선수 개인이 3쿼터 12분간 25점 이상을 쏟아붓는 경우도 7번이나 있었다. 몇몇 사례를 살펴보자. 2015년 1월 23일 새크라멘토 킹스 전에서 클레이 탐슨은 3쿼터에만 37점을 기록하며 새 역사를 썼다. 새크라멘토는 2017년 2월에도 같은 악몽을 경험한다. 당시 골든스테이트는 22점을 연속으로 넣는 동안 새크라멘토에게 단 1점도 허용하지 않았다. 뉴올리언스도 할 말이 많다. 2015년 10월 30일, 2쿼터에만 37점을 허용해 끌려 다니던 골든스테이트는 3쿼터에만 41점을 기록(26점 실점)하며 경기를 순식간에 정리했다. 커리는 3쿼터에만 28점을 기록했는데, 이는 뉴올리언스가 3쿼터에 올린 총득점(26점)보다도 2점이 더 많았다. 더 놀라운 건 그날 골든스테이트는

2018 NBA FINAL

동부와 서부를 대표하는 최강팀들이 격돌하는 파이널 무대이지만 의외로 결과가 싱겁게 난 적도 있었다. 2018년 파이널은 4승 0패로 끝난 역대 10번째 파이널이었다. 1959년 보스턴 셀틱스가 미니애폴리스 레이커스(현 LA 레이커스)를 4-0으로 제압한 이래 10년에 1~2번씩 발생했다. 르브론 제임스는 두 번이나 스윕 패배를 당했다. 2007년에는 생애 첫 파이널 진출을 이뤄냈지만, 샌안토니오에 완패를 당했다. 반면 골든스테이트는 1975년 우승 당시에도 4-0으로 이긴 바 있다.

이틀 연속 경기의 이틀째 일정이었다는 것이다. 그럼에도 불구, 선수들은 피로를 모르는 사람들 같았다. 드레이먼드 그린은 "커리가 완전히 게임을 지배했다"며 혀를 내둘렀다. 듀란트가 합류한 2016-2017시즌도 그 '약속의 3쿼터'는 계속됐다. 2017년 2월 23일 LA 클리퍼스 전에서 골든스테이트는 3쿼터에만 50득점을 퍼부었다. 49-61로 지던 골든스테이트는 이 경기를 순식간에 가비지 게임으로 만들었다. 골든스테이트가 시리즈를 정리하고 4년 연속 파이널 진출을 확정지은 2017년 서부 컨퍼런스 결승 7차전도 그랬다. 유독 슛이 터지지 않아 15점차까지 리드를 당했던 전반과 달리, 3쿼터 골든스테이트는 다른 팀이 되어 있었다. 3쿼터 스코어가 33-15. 더블스코어 이상으로 차이가 났다. 전반에 컨디션 난조로 트레이너를 대동한 채 라커룸까지 갔던 커리는 언제 그랬냐는 듯, 3쿼터에서 14점을 폭발시켰다. 그렇다면 '약속의 3쿼터'가 된 비결은 무엇일까? 마음가짐? 전력분석? 감독 리더십? 동료들과 상대 선수들은 그 여러 이유가 바탕이 되어 '슈터들의 폭발'로 이어진다고 분석했다. 그러나 커리는 '약속의 3쿼터'는 자신이나 듀란트, 탐슨 같은 스코어러들의 각성만으로는 불가능하다고 설명한다. 오랫동안 함께 이겨온 그 경험에서 비롯된 것이라는 것이다. "솔직히 말씀드리면 각자 따로 노는 상황이 종종 있어요. 우리가 그동안 어떻게 이겨왔는지 잊게 되는 것이죠. 그렇지만 이내 우리 특유의 케미스트리를 되찾고, 승리로 가는 공식을 구하게 되는 것 같습니다. 오늘(7차전)도 그랬어요. 안 될 때마다 다들 '그래도 해보자. 다같이 해보자'고 말하면서 수렁에서 나올 방법을 스스로들 찾아냈어요."

4년 연속 NBA 파이널 진출. 그리고 4년 연속 클리블랜드와의 만남. 미국 4대 프로스포츠에서는 유례가 없는 일이었다.

현지에서는 이 만남을 '파트4', '시즌4'라고도 소개했다. 그러나 인기있는 드라마가 시즌을 거듭하면서 흥미와 신선함을 잃어가듯, 이 시리즈도 생각보다 싱거웠다. 르브론 제임스의 괴수 같은 활약과는 별개로, 클리블랜드의 선수층은 골든스테이트를 따라가지 못했다. 골든스테이트는 1차전을 124-114로 연장 접전 끝에 이겼는데, 이것이 이 시리즈에서 가장 접전이었던 경기였다. 클리블랜드는 J.R 스미스가 1차전 막판 어처구니없는 실수를 저지르면서 패배의 빌미를 제공했다(르브론은 이 경기에서 51득점을 성공시켰다). 커리는 2차전에서 3점슛 9개와 함께 33점을 퍼부었고, 4차전에서도 37점을 기록했다. 4년 전쟁의 끝은 4-0, 그렇게 골든스테이트의 완승으로 끝났다. 2년 연속 우승을 차지한 것이다. 사실, 사람들의 관심사는 팀의 우승 여부는 아니었다. 이미 시리즈가 3승 0패가 된 시점부터 우승은 기정사실처럼 다뤄졌다. 이제는 누가 파이널 MVP가 되느냐가 중요했다. 2차전까지는 커리가 떼어 놓은 당상처럼 여겨졌다. 그러나 커리가 3차전에서 3점슛 9개를 내리 놓치는 등 부진했던 반면, 케빈 듀란트가 43점으로 선전하자 트로피의 향방이 바뀌었다는 분석도 나왔다. 시리즈가 끝났을 때 기자단의 표는 듀란트로 더 많이 향했다. 다소 섭섭할 수도 있는 상황. 온라인에서는 커리 팬과 듀란트 팬이 나뉘어 서로의 스타를 응원하는 분위기도 연출됐다. 그러나 커리는 '관심 없다'는 말로 취재진을 실망(?)시켰다. "분명히 말하지만 파이널 MVP는 제 커리어에 큰 문제가 되지 않아요. 문제가 되는 것은 팀이 지는 겁니다. 우승만 할 수 있다면 파이널 MVP는 없어도 됩니다. 우승반지야말로 정말로 제가 원하던 것입니다. 훗날 NBA 역사에서 제 이름이 나왔을 때, 저는 챔피언으로 남고 싶습니다." 기자들이 듀란트에 대해

			4 : 0			
GOLDEN STATE WARRIORS	124	1	GAME 1 2018. 6. 2	0	114	
	122	2	GAME 2 2018. 6. 5	0	103	
	110	3	GAME 3 2018. 6. 8	0	102	
	108	4	GAME 4 2018. 6. 10	0	85	

물었을 때도 마찬가지였다. "K.D(듀란트의 애칭)는 눈부신 활약을 보였어요. 무엇보다 파이널은 더 굉장했죠. 그는 2년 연속 파이널 MVP가 될 자격이 있는 선수에요. 전 그의 가장 열렬한 팬입니다. 덕분에 우리는 정말 행복한 시즌을 보냈어요. 전 오늘밤 챔피언의 마음으로 기분 좋게 베개에 머리를 대고 누울 수 있을 것 같습니다. 내년에 파이널에 오를 때도 이런 제 마음은 변함이 없을 것입니다. 좋은 팀동료들과 함께 정상에 서는 것만으로도 좋습니다." 한편 이 시리즈는 파이널에서 르브론과 만난 마지막

시리즈가 됐다. 4년 전쟁에 마침표를 찍는 순간이었다. 최종 성적은 3승 1패. 73승을 거두고 7차전을 내주면서 역전패 당한 2016년은 쓰라렸지만, 커리는 2년 연속 우승으로 그 악몽을 씻어낼 수 있었다. 커리는 르브론에 대해 이렇게 말했다. "경의를 표하고 싶습니다. 완벽하게 게임을 컨트롤 하는 선수였습니다. 어떻게 막아야 할 지 항상 고민했습니다. 상황을 워낙 잘 읽는 선수였으니까요. 그는 존재하는 어떤 패스든 다 할 수 있는 선수였어요. 또 어떤 수비든 무너뜨릴 수 있는 선수였습니다."

MOST WINS IN A SEASON

역대 최다승 팀

Warriors 골든스테이트 워리어스, 2015-2016시즌	준우승	**73**
Bulls 시카고 불스, 1995-1996시즌	우승	**72**
Bulls 시카고 불스, 1996-1997시즌	우승	**69**
Lakers LA 레이커스, 1971-1972시즌	우승	**69**
Celtics 보스턴 셀틱스, 1972-1973시즌	파이널 진출 실패	**68**
76ers 필라델피아 세븐티식서스, 1966-1967시즌	우승	**68**
Warriors 골든스테이트 워리어스, 2016-2017시즌	우승	**67**
Spurs 샌안토니오 스퍼스, 2015-2016시즌	파이널 진출 실패	**67**
Warriors 골든스테이트 워리어스, 2014-2015시즌	우승	**67**
Mavericks 댈러스 매버릭스, 2006-2007시즌	파이널 진출 실패	**67**
Lakers LA 레이커스, 1999-2000시즌	우승	**67**
Bulls 시카고 불스, 1991-1992시즌	우승	**67**
Celtics 보스턴 셀틱스, 1985-1986시즌	우승	**67**

2015-2016시즌 골든스테이트 워리어스는 82경기 중 73경기를 이기며 NBA 역대 최다승 팀에 등극한다. 마이클 조던의 시카고 불스가 72승 대기록을 세운지 정확히 20년 만이었다. 그러나 이 팀을 NBA 역사에서 가장 위대한 팀으로 보기에는 어려움이 있었다. 한 시즌의 '마침표'라 할 수 있는 NBA 파이널 '우승'을 거머쥐지 못했기 때문이다. 서부 컨퍼런스 결승에서 1승 3패를 뒤집고 파이널에 올랐지만, 정작 클리블랜드 캐벌리어스를 상대로는 3승 1패로 앞서다가 리버스 스윕을 당해 고개를 떨어뜨렸다. 필 잭슨 감독과 마이클 조던은 역사적인 72승을 달성한 바로 다음 시즌에도 69승 13패로 동부 1위를 차지했고, 그 시즌 NBA 파이널에서 유타 재즈를 꺾고 2년 연속 우승을 달성했다.

골든스테이트와 시카고 불스가 나타나기 전까지 한 시즌 최다승은 LA 레이커스가 굳건히 지키고 있었다. 1971-1972시즌, 윌트 채임벌린과 제리 웨스트, 게일 굿리치는 전설적인 33연승 행진과 함께 69승을 기록하며 역대 최고 팀 반열에 올라섰다. NBA 파이널에서도 뉴욕 닉스를 4승 1패로 제압하고 꿈에 그리던 우승을 차지했다. 이는 제리 웨스트의 유일한 우승이기도 했다. 2014-2015시즌 골든스테이트처럼 67승을 거두고 우승을 거머쥔 팀은 더 있었다. 1999-2000시즌은 시카고의 '전설' 필 잭슨이 LA 레이커스 지휘봉을 잡은 첫 시즌이었다. 샤킬 오닐과 코비 브라이언트를 트라이앵글 오펜스에 녹아들게 만드는데 성공하며 우승컵을 들었다. 1985-1986시즌 보스턴 셀틱스도 역대 최고의 팀을 논할 때 빠지지 않는 강호다. 래리 버드-케빈 맥헤일-로버트 패리시의 '빅 3'가 주축이었으며, 데니스 존슨과 대니 에인지, 빌 월튼 등 우수한 조력자들이 많았다. 보스턴은 이 시즌에 홈 40승 1패를 기록했고, 래리 버드는 3년 연속 MVP를 차지했다.

67승 이상을 올리고도 우승을 못한 팀들도 있다. 1972-1973시즌 보스턴 셀틱스는 2번 시드 뉴욕에게 3승 4패로 패하며 NBA 파이널에 오르지 못했다. 당시 팀의 주축, 존 하블리첵의 부상이 결과에 영향을 주었다. 2006-2007시즌 댈러스 매버릭스는 8번 시드 골든스테이트 워리어스에게 1라운드 업셋을 당했다. 이 때문에 정규시즌 MVP를 차지한 덕 노비츠키는 MVP만의 특권이라 할 수 있는 트로피 수여식을 팬들과 함께 하지 못했다. 2015-2016시즌 샌안토니오는 만일 골든스테이트가 아니었다면 오랫동안 역사에 남을 강팀이었다. 무서운 조직력을 뽐낸 그들은 홈 경기 40승 1패라는 대기록을 달성했으며, 더 나아가 구단 최다승인 67승을 기록했다. 그러나 컨퍼런스 준결승에서 오클라호마 시티 썬더라는 강적을 만나 2승 4패로 무기력하게 물러나야 했다. 케빈 듀란트, 러셀 웨스트브룩의 화력을 당해내지 못했다. 샌안토니오의 '레전드' 팀 던컨은 이 시리즈를 끝으로 현역에서 물러났다.

SERIES

역대 4-0 시리즈

1959
4 보스턴 vs 미니애폴리스 0

1971
4 밀워키 vs 볼티모어 0

1975
4 골든스테이트 vs 워싱턴 0

1983
4 필라델피아 vs 레이커스 0

1989
4 보스턴 vs 미니애폴리스 0

1995
4 휴스턴 vs 올랜도 0

1999
4 샌안토니오 vs 뉴욕 0

2002
4 레이커스 vs 뉴저지 0

2007
4 샌안토니오 vs 클리블랜드 0

2018
4 골든스테이트 vs 클리블랜드 0

7

SECRETS

커리를 MVP로 만든 일곱 가지 비결

"그저 저는 저에게 유리한 시대에서 뛰고 있는 것 같습니다." 2017년 방한한 스테픈 커리에게 활약의 비결을 물었을 때, 그는 이처럼 겸손한 답을 내놓았다. 그렇지만 전례 없는 3점슛 돌풍을 보고 있노라면 이 시대는 커리 스스로 불러온 것이 아닐까 싶다. 그러나 계속 강조하지만 커리가 시작부터 대단했던 선수는 아니었다. 무명 대학 출신, 키 작은 '언더독'에서 3점슛과 관련된 기록을 모조리 갈아치우고 있는 슈퍼스타가 되기까지 그는 주어진 장점을 극대화하고 단점을 극복하기 위한 엄청난 노력을 쏟아 부었다.

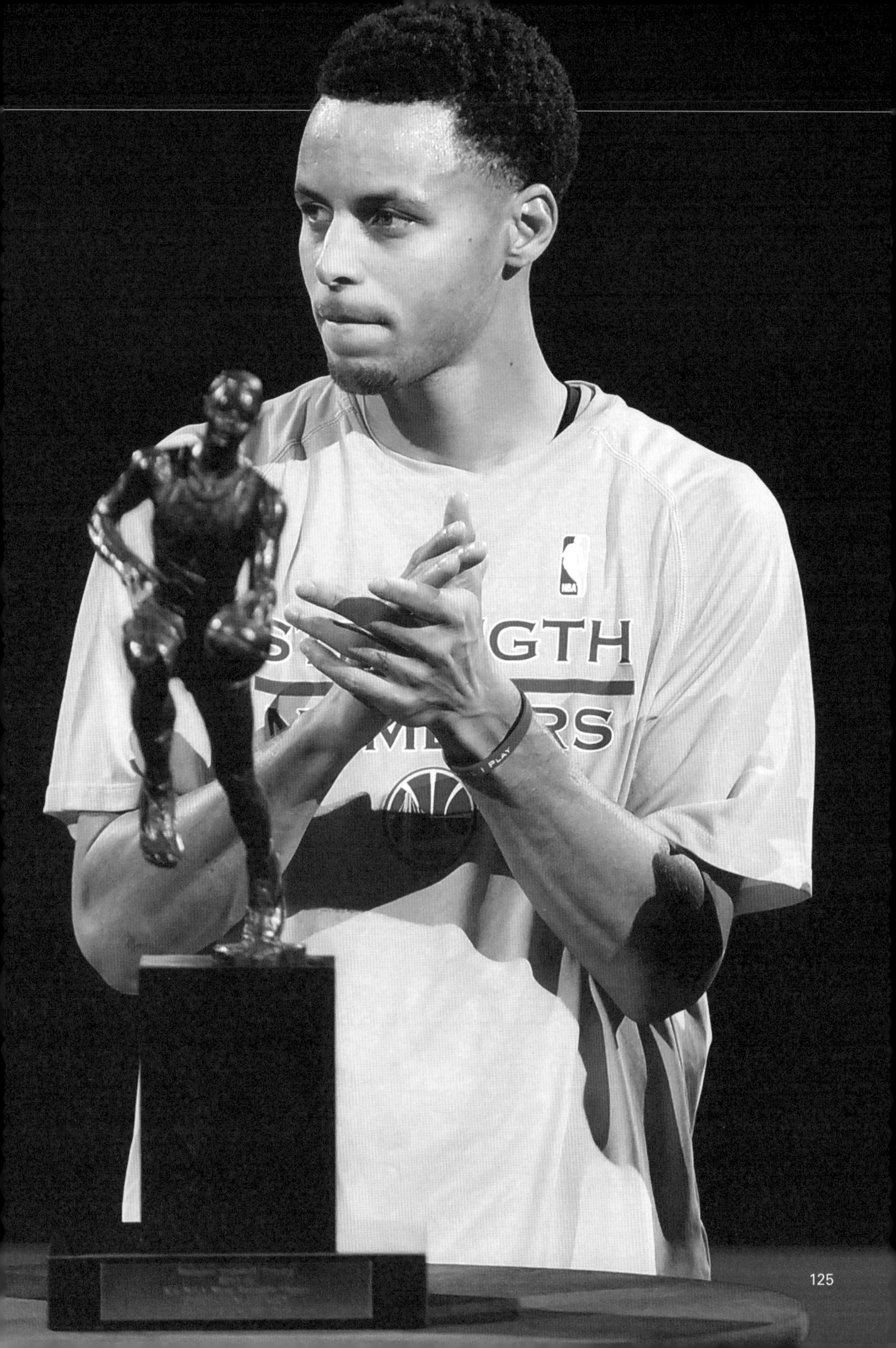

1. 커리의 슈팅

커리는 상식파괴자다. 슈팅 방식에 대한 정의를 새롭게 했다. 2년 연속 MVP에 선정될 무렵, 농구 코치들은 앞 다투어 커리의 원 모션 슈팅 자세를 분석하고 그 특징을 소개했다. 심지어 MIT, 산타클라라 대학 등 스포츠 과학 분야에서 활동이 활발한 대학에서도 커리 슈팅의 특징을 짚는 과학적 연구가 이루어졌다. 커리 같은 선수는 많지 않았기 때문이다. 《ESPN》의 사이언스 프로그램이 분석한 자료에 따르면 커리는 다른 선수들보다 평균 0.1초 빠르게 공을 릴리즈하며, 던진 공이 포물선 정점에 이르렀을 때의 높이가 평균 16.23피트(4.94m)로 다른 선수들보다 0.1m 높다. 상대 수비를 피하기 위해 더 빨리, 더 높이 던지면서도 정확도를 높이기 위한 노력을 많이 했다. 수영 선수들이 기록 단축을 위해 안간힘을 다하듯, 그 역시 군더더기를 줄이기 위한 동작을 연구했다. 공을 잡자마자 내리는 동작 없이 바로 올라가고, 그 정확도를 높이기 위한 연구다. 한창때 그는 매일 500개 이상의 슛을 연습했다. 서서 던지는 것부터 시작해 응용 동작까지, 레퍼토리가 다양했다. 시즌 중에도 300개 이상씩 시도하며 감을 유지했다. 훈련은 슛에만 국한되지 않는다. 누구도 그가 그냥 슛을 던지게 놔두지 않기 때문. 드리블 풀-업 점퍼부터 시작해 실전에서 시도할 동작은 계속 갈고 닦아 슈팅으로 연계되게 만든다. 또 하나 커리가 주력한 부분은 바로 볼없는 움직임이다. 그는 자신의 경기의 핵심을 '스페이스를 얻는 것'이라 말한다. "저는 리그에서 가장 빠르거나 폭발적인 타입의 선수는 아닙니다. 대학생 때도 그랬어요. 경기 중에는 상대가 계속해서 저와 부딪치려고 하죠. 어쨌거나 팔꿈치에도 많이 맞았어요. 이런 수비에 안 묶이려면 경기 내내 스피드를 바꾸고, 방향을 바꿔가면서 수비를 따돌리고자 노력해야 해요. 민첩성을 이용해서요. 그래서 매일 이 부분을 단련했습니다. 언제든 내가 결정을 내리면 내가 원하는 곳으로 이동해 슛 찬스를 잡을 수 있도록 노력했습니다."

2. 마인드셋 "난 언제든 넣을 수 있어!"

스티브 커 감독은 커리에 대해 엄청난 자신감을 가진 선수이며, 지금 10개의 슛을 던져 다 실패했어도 기어이 다음 슛을 던지고 말 선수라고 말한다. 그만한 자신감이 있는 선수라는 것이다. 이는 밥 맥킬롭 데이비슨 대학 감독이 드래프트 당시 내린 평가와도 같다. 무모함과 인내심을 모두 갖춘 선수라는 것이다. 그리고 그 바탕에는 '언제든 넣을 수 있다'는 자신감이 자리한다. NBA는 최근 각 지점, 즉 코트를 페인트존, 미드레인지, 3점슛 등으로 나눈 뒤 지난 25년 간 그 지점에서 가장 많은 슛을 넣은 선수들을 발표했다. 커리는 좌, 우 45도에서 3점슛을 가장 많이 넣은 선수로 집계됐다. 그러나 커리는 그 지점이 굳이 강점이라 말하진 않는다. 몇 초가 남았든, 수비가 어떻든 자신은 어느 위치에서나 넣을 수 있다는 것이다. (한 인터뷰에서 "코너 3점슛이 가장 쉽다. 몇 인치 더 가깝고, 코너 3점슛은 대부분 팀워크에 의해 만들어진 좋은 찬스이기에 좋다"고 말한 적은 있다.) 그 자신감은 종종 믿기지 않는 장면을 연출한다. 그렉 포포비치 감독이 골든스테이트 농구를 '돈을 주고 볼 가치가 있는 경기'라고 말한 이유이기도 하다. 보스턴 셀틱스를 이끌었던 브래드 스티븐스 전 감독도 "버틀러 대학 시절부터 커리를 지켜봤어요. 저건 안 될 거야, 안 하겠지 하는 타이밍에 꼭 뭔가를 해내는 선수입니다" 라며 찬사를 아끼지 않았다. 그런데 하나 알아둬야 할 것이 있다. 커리가 종종 해내는 기괴한 동작들이 다 즉흥적으로 완성된 것은 아니라는 점이다. 일반적으로 배드샷, 혹은 터프샷이라 생각되는 슛이지만 그는 그 상황조차 설정해놓고 이 동작, 저 동작을 훈련에서 시도해본다. 2015년 올스타 현장에서 한 기자가 커리에게 관련 질문을 했을 때, 그는 "여러분이 생각하는 것보다 우리 동료들이 혼란스러워하지는 않습니다. 그런 상황에서도 던져서 넣는 것이 우리의 강점이니까요."라고 답했다.

3. 비디오 분석

마이클 조던, 코비 브라이언트, 르브론 제임스, 덕 노비츠키, 데니스 로드맨 등 역사에 획을 그은 슈퍼스타들에게는 항상 'student'라는 수식어가 따라다녔다. 경기를 연구하고 분석하고 배우는 것을 게을리하지 않았기 때문이다. 커리도 그런 수식어가 있었다. 비디오를 어떤 식으로, 어떤 관점으로 보는지는 선수마다 다르다. 커리의 경우 자신이 못 한 경기를 더 세심히 본다. 보고 괴로워하고, 자극을 받고 다시 연구를 하는 것이다. 3승 1패로 앞서다 역전패를 당한 2016년 파이널도 모든 순간을 돌아봤다. 분석에 대한 습관은 프로 초창기부터 가져왔다. 초창기 그의 분석을 도운 인물이

바로 휴스턴 로케츠 감독 스티븐 사일러스다. 사일러스는 커리가 신인이었던 2009-2010시즌에 골든스테이트에서 근무하며 커리에게 좋은 영향을 주었다. (르브론이 2003년 NBA 데뷔했을 때 첫 감독은 그의 부친인 폴 사일러스였다. 이래저래 르브론과 커리는 엮이는 부분이 많다.)

4. 투철한 몸 관리

커리는 NBA 데뷔 시절부터 같은 트레이너(브랜든 페인)와 호흡을 맞춰왔다. 아침 일찍 체육관을 찾아 모든 것을 쏟아붓는 그 방식과 마음가짐은 똑같지만, 나이를 먹으면서 내용은 달라졌다. 스티브 커 감독은 "나이를 먹었는데도 더 잘하는 것 같다"고 말했다. NBA 닷컴 통계를 보자. 첫 MVP가 됐던 2015년과 비교하면 지금이 더 이동거리가 길고, 평균 속도도 결코 느린 편이 아니다. 아무래도 그때에 비해 혼자 해결해야 할 일이 많아졌기에 움직이는 거리가 늘어난 것은 당연할 수 있다. 그러나 긴 출전시간과 집중견제에도 불구, 그 정도 움직임을 무리 없이 소화할 수 있다는 것이 중요하다. 기본적으로 커리가 2020년, 2021년 여름을 알차게 보낸 덕분이다. 아침 7시부터 주 5회 훈련했다는 커리의 키워드는 '코어'였다. 코어 훈련을 통해 몸을 단단히 하고 밸런스를 잡는데 주력했다. 근육량은 키우면서도 스피드에는 큰 영향을 받지 않았다. 전 브루클린 네츠 산하 G리그팀의 단장을 맡았던 밀튼 리는 "실리콘밸리 영향인지 골든스테이트는 새로운 장비 및 기술 도입에 적극적이다"라고 말한 바 있다. 그의 말처럼 골든스테이트 구단은 선수 훈련 및 분석을 위한 장비 구입에 거리낌이 없고, 구단 코칭스태프뿐 아니라 선수 개인도 활용하도록 장려하고 있다. 커리 역시 장비 도움을 많이 받고 있다.

5. 노력과 열정

러셀 웨스트브룩, 데릭 로즈 등의 '농구 트레이너' 롭 맥클라나한은 저서 '넷 워크(Net Work)'에서 NBA 스타들이 뛰어난 이유에 대해 재능뿐 아니라 그 재능을 극대화하려는 노력을 잘하기 때문이라 말한다. 자신에게 필요한 것이 발견되었을 때, 집중하고 노력하는 부분이 남다르다는 것이다. 그는 그 노력 또한 '재능'의 영역에 둬야 하나 고민을 하게 될 정도로 덧붙인다. 그러면서 언급한 선수 중 하나가 바로 커리다. 트레이너보다도 먼저 체육관에 도착해 땀을 흘리고, 한번 익힌 기술을 수백, 수천 번 반복하는 열정을 보인다. 옛 동료 켄트 베이즈모어는 "커리보다 체육관에 오래 남아있는 일이 가장 힘든 일"이라고 말했다. 베이즈모어는 "전날 저녁 경기에서 30분 이상을 뛰면서 슛을 30개 이상 던졌는데도 제일 먼저 나와 제일 오래 훈련하더군요"라고 말했고, 이는 커리를 인정하고 존경하게 된 계기라 덧붙였다. 마치 윤리 교과서에 나온 '거짓말을 하면 안 됩니다'라는 말을 당연하게 여기지만 정작 살다 보면 같은 실수를 반복하게 되는 것처럼, '프로라면 그 정도는 해야지'라고 생각하면서도 매일 주변 유혹을 뿌리치고 집중하기란 쉽지 않다. 생각해보자. 미국의 프로스포츠 선수들 대부분은 연봉을 주, 혹은 격주로 받는다. 그때마다 수억 원이 꽂힌다면 어떨 것 같은가. 누군가는 자동차를 사고, 누군가는 자신의 재력을 인정해 줄 연인을 찾을지 모른다. NBA 선수노조는 선수들의 평균 연령대가 낮아짐에 따라 자산 활용과 관련된 범죄로부터 살아남기 위한 상담사를 고용하거나 추천하곤 한다. 이런 유혹을 이겨내지 못하면 '투혼'과 '기술'이란 단어를 가질 수가 없다. 커리는 3점슛뿐 아니라 스쿱샷, 스텝백 점프슛 등 갖가지 기술에도 능통하다. 제임스 하든과 함께 그는 NBA에서 스텝백으로 가장 많은 점수를 올리는 선수다. 커리가 이 기술을 쓰기 시작한 이유는 '살아남기 위해서'였다. "어릴 때부터 그런 슛을 많이 던져 봤습니다. 골을 넣을 방법이라면 뭐든 찾으려고 했던 시기가 있었죠." 대학시절 NCAA 토너먼트 기자회견에서 남긴 말이다. 그는 기술을 익힌 뒤에 갖가지 시뮬레이션을 다 적용했다. 더블팀을 당하는 상황, 거친 상대에게 힘으로 밀리는 상황 등에서 슛을 던지고 발을 빼는 훈련이다. 때로는 불을 아예 꺼놓고 연습했다. 실전은 연습 때와 다를 것이라 여긴 계산이다. 1980년대 한국 농구 최고의 슈터 이충희가 비슷한 훈련을 했다. 그 역시 고교 시절에 180cm의 작은 키에, 지독한 난시로 고생을 많이 했지만 각고의 노력 끝에 '슛도사'라는 최고의 찬사를 끌어냈다. 이충희는 필자에게 이렇게 말했다. "훈련할 때는 연습과 실전을 구분해서는 안 됩니다. 지금이 경기 상황이라 생각하고 모든 걸 쏟아 부어야만 합니다. 그래야 기술을 얻을 수 있습니다. 적어도 '내 기술'이라는 건 연습 때는 100번 사용했을 때 99번은 성공해야 하는 것입니다." 그런데, 커리가 이충희와 여타 선수들과 구분되는 한 가지가 있다. '즐거움'이다. 커리가 훈련을 논할 때 빼놓지 않는 단어는 'fun'과 'enjoy'다. 가볍게 보일 단어들이지만, 커리에게는 훈련에 꼭 필요한 단어이기도 하다.

농구하는 걸 좋아하지 않았다면, 내가 농구선수라는 것에 자부심을 갖지 않았다면 이렇게 될 수 없었다는 의미다.
전 국가대표 농구선수 이승준은 필자와의 인터뷰에서 "나이를 먹고서도 실력이 계속 좋아지는 선수들이 있는데,
그런 선수들은 정말로 농구를 좋아하기 때문에 가능한 것 같다"라고 말한 적이 있다. "직업으로 농구를 대하는 것은
한계가 있어요. 농구를 정말 사랑하고 훈련에 열정을 갖고 있어야 가능한 일이지요. 실력을 키우려면 정말 엄청난 시간을
투자해야 하거든요." 이승준의 이 말에 대입해보면 커리는 농구와 경쟁을 사랑하고 있음을 유추할 수 있었다. "대학 때
부터 종종 말도 안 되는 자세로 슛을 던져본 적이 있었어요. 항상 경직된 훈련만 하면 재미없잖아요? 재미를 주면서
긴장을 풀어주는 것도 좋습니다. 제 성격이 원래 그렇습니다. 즐거움을 추구하죠." 커리의 말이다.

6. 식습관 및 생활 패턴

스테프 커리의 아내 아예사 커리는 요리 분야의 인플루언서다. 방송도 만들고 책도 펴냈다. 그리고 그 재능을
남편에게도 쏟고 있다. 극단적인 다이어트를 하는 편은 아니다. 예컨대 몸에 해로운 건 쳐다보지도 않는다던가,
몇 시 이후에는 금식을 한다거나 하는 방식 말이다. 단지 칼로리 관리에 주력하며 회복에 도움이 되는 영양소를 많이
챙기는 것으로 알려졌다. 체중 관리가 필요할 때는 아침에는 시리얼과 달걀, 우유 등을 먹고, 점심과 저녁에는 채소와
함께 렌틸콩, 파니르(인도식 치즈), 커드, 차파티 등을 주식단으로 한다. 또, 커리는 '잠'과 '휴식'을 중요하게 여긴다.
레이 알렌, 스티브 내쉬, 르브론 제임스 등은 '낮잠'을 잘 자야 경기를 잘 할 수 있다고 믿는 선수들이었다. 그래야 리듬을
찾을 수 있다며 말이다. 커리도 경기가 없는 날에는 오후 5시부터 저녁 식사 이전까지 수면을 취하는 것이 루틴이며,
밤에는 최소 8시간의 수면을 취한다. 또, 가급적 일상에서 벗어나는 행동은 자주 하지 않는다. 예외는 있다. 생일날이다.
팀 동료들을 초대해 신나게 즐기며 시즌의 스트레스를 날린다. 서른 번째 생일이었던 2018년에는 어찌나 거하게(?)
즐겼는지 팀 전체가 다음날 훈련을 취소했을 정도다. 또한 커리는 밤 10시 30분 이후에는 휴대전화를 최대한 멀리하고
TV, PC같은 스크린 기기를 사용하지 않는다. 숙면을 위한 커리만의 방법이다. 《ESPN》을 비롯한 여러 논문에서는
휴대전화가 운동선수의 시력저하 및 피로 회복에 악영향을 끼친다는 내용을 다룬 바 있다.

7. 루틴 : 투 볼 드리블 & 터널 샷

골든스테이트 기자들은 워리어스의 쇼는 경기 시작 2시간 전에 시작된다고 말한다. 일명 '커리 쇼'다. 커리는 2시간
전부터 코트에서 몸을 푼다. 데뷔 이래 부상이 없는 한 거르지 않은 행동이다. 대략의 코스는 이렇다. 투 볼 드리블→
원 볼 드리블→ 왼손슛(스쿱샷, 플로터, 훅슛 등)→ 3점슛(캐치앤숏, 코너 스텝백 등)→ 브루스 프레이저 코치와 1대1.
특히 베이스라인이나 사이드라인에서 시도하는 드리블 훈련은 기초 중에도 기초이지만 커리는 이 훈련을 빼놓지
않는다. 몇 백, 몇 천 명의 관중들이 자신을 향해 카메라를 들이대도 흔들림이 없다. 겉멋을 위해, 볼거리를 제공하기 위해
하는 행동이 아니라는 의미다. 이는 커리가 루키 때부터 해왔던 루틴이다. 신인 시절에는 앤써니 모로우, 앤써니 톨리버,
CJ 왓슨 등 주로 저연차 선수들과 함께 체육관에 일찍 나와 볼 핸들링 훈련을 했는데 처음에만 해도 커리조차도 낯선
동작을 할 때면 공을 놓치는 실수가 많았다는 후문이다. 당시 함께 했던 파트너들은 다 팀을 떠났지만 커리만큼은
지금까지도 이를 반복하고 있다. 그는 이러한 루틴들이 긴장을 풀어주고 감각을 살려주며 더 나아가 스킬훈련에도
도움이 된다고 말한 바 있다. '커리 쇼'의 대미는 바로 터널 샷이다. 오라클 아레나 시절부터 커리는 입장 통로에 있는
터널에서 슛을 던져왔다. 처음에는 구단 직원과의 내기에서 시작된 것이 어느덧 경기 전에 안 던지면 뭔가 빼먹은
느낌이 들 정도로 '일상'이 됐다. 사연은 이렇다. 어느 날 커리는 팻 선드라는 구단 직원과 다음날 아침 식사 내기를 했다.
커리는 터널 지점에서 슛을 던져 자신이 못 넣으면 밥을 사겠다고 했다. 그런데 이게 또 들어가면서 난리가 났다.
그때부터는 커리가 통로에 들어서면 직원들이 패스를 해주기 시작했다. 커리는 이렇게 멀리서 슛을 던지는 행동이
긴장을 풀고 리듬을 찾는데 도움이 된다며 4~5개씩 던지곤 했다. 체이스 센터로 홈구장을 옮긴 뒤에도 이 루틴은
계속됐는데, 이제 사람들은 그가 입장구에 등장하면 휴대폰부터 들었다. 커리가 뭘 할지 알기 때문이다.

All
Time
Greats

영광의 시간이 지나가고, 햄튼 5도 해체되면서 골든스테이트와 커리는 새로운 도전을 준비한다.

어린 선수들과 새로운 팀을 만들어 나가기 위한 'ALL TIME GREATS' 커리의 이야기는 계속된다.

""

이제 페이지를 넘겨 새로운 도전을 할 것입니다.
패배를 어떻게 극복하고 응답하느냐가 중요해요.
저는 지금의 기분을 동기부여 삼아 다시 일어설 것입니다.
우리는 잘 해낼 것입니다.
그리고 새로운 빌딩에서 새로운 추억을 만들어갈 것입니다.

스테픈 커리 오라클 아레나를 떠나며

01

또 다른 챕터의 끝

커리의 도장 깨기

프로스포츠에서 누적 기록이 갖는 상징성은 굉장히 크다. 단순히 몇 시즌 반짝하고 끝나는 것이 아님을 보여주는 부분이기 때문이다. NBA처럼 매일 밤 수준 높고 치열한 경쟁이 펼쳐지는 리그에서 매 경기, 집중견제를 받으면서도 자기 숫자를 낸다는 것은 결코 쉽지가 않다. 특히나 커리처럼 남들보다 크거나, 높은 선수가 아닌 경우는 더 그럴 것이다. 2009년 데뷔한 커리는 수년간 폭발적인 외곽슛 실력을 보였다. 이미 세 번이나 우승을 차지했고, 그 사이 갖가지 3점슛 기록을 세우며 트랜드를 바꿔왔다. 이 시기 커리는 '농구를 바꿔놓은 선수'라는 찬사까지 받았다. 8m, 9m 거리에서도 던지는 이른바 '딥 쓰리(deep three)'를 유행시켰다. 2016년 2월 27일 오클라호마 시티 썬더 원정경기는 커리의 딥 쓰리를 상징하는 경기다. 연장전까지 갔던 그날, 커리는 0.8초를 남기고 먼거리에서 3점슛을 시도해 깨끗하게 성공시켰다. 덕분에 팀은 121-118로 승리했는데, 이 장면이 전국방송을 통해 나가면서 그 인기는 폭발적으로 치솟았다. 1990년대까지만 해도 이런 장거리 슛을 '프롬 다운타운(from downtown)' 혹은 '헤일 메리 샷(hail mary shot)'이라 불렸는데, 이 무렵부터는 '딥 쓰리'가 더 유행하게 됐다. 또한 커리와 대미언 릴라드 등은 그보다도 먼, 아니 오히려 하프라인에서 더 가까운 로고 위치에서도 여유있게 슛을 성공시켜 '로고 샷(logo shot)'을 유행시켰다. 특히 골든스테이트는 커리뿐 아니라 모든 선수들이 이처럼 빠른 페이스의 공격을 성공시키면서 트랜드 변화를 주도했다. 같은 시기, 플레이오프에서 처절하게 경쟁했던 휴스턴 로케츠도 5명 전원을 외곽에 배치하여 3점슛을 노리는 이른바 '모리 볼(Morey Ball)'로 변화에 가담했다. 휴스턴은 2점슛보다 3점슛 시도가 많은 최초의 팀이었는데, 2010년대 중반을 기점으로 이런 3점슛 농구는 미국뿐 아니라 유럽, 아시아에도 영향을 주고 있었다. 4년에 한 번 열리는 올림픽만 봐도 대회를 치를 때마다 3점슛 시도와 성공률이 증가하고 있었고, 특히나 이런 3점슛은 더 이상 슈터가 아닌 가드, 센터까지도 '당연히' 시도하는 무기가 되어 있었다. 많은 이들은 이런 변화의 중심에 커리가 서 있었음을 부인하지 않는다. 그리고 그는 그 선두주자답게

어느덧 3점슛 분야에서 누적 기록을 쌓아올린 레전드들을
하나, 둘 추월하기 시작했다.

2018-2019시즌, 커리의 출발은 굉장히 폭발적이었다.
첫 7경기에서 계속 3점슛 5개 이상씩을 넣었다. 사람들은
그가 던질 것이라 알고 있었기에 밀기도 하고, 거세게
부딪쳐보기도 했지만 커리는 예상했다는 듯 요리조리
피해가며 결국에는 점프하여 손을 쭉 뻗었다. 1초 뒤
TV 중계 화면에는 커리 특유의 익살맞은 세리머니 장면이
포착됐고, 그 뒤에는 매치업 상대의 허탈해하는 표정이
따랐다. 개막전부터 3점슛 6개를 꽂은 커리는 10월 25일
워싱턴 위저즈와의 홈 경기에서 51득점을 올린다. 무려
3점슛 11개가 동반된 기록이었다. 더 놀라운 건 커리의
출전시간인데 겨우 32분 만에 50점을 넘어섰다. 자유투도
10개 시도해 10개를 모두 넣었다. 어디서든 호기롭게 슛을
던져 깔끔하게 꽂아 넣는 그의 활약에 동료들도 공을
몰아주기 시작했다. 듀란트는 "너무 재밌었다"라고,
스티브 커 감독은 "비디오게임 보는 느낌"이라며 웃어
넘겼다. 골든스테이트의 행복 농구는 한동안 계속됐다.

바로 다음 경기는 듀란트가 41점을 넣었고, 그로부터 3일 뒤
에는 클레이 탐슨이 3점슛 14개와 함께 52점을 넣었다.
선수들 모두 웃음이 끊이지 않았다. 커리도 자신이 팀내
최다득점자가 되어야 한다는 생각이 없었다. 그는 그저 다들
빨리 리듬을 찾고 체력을 올려 우승에 도전하고 싶다는
생각뿐이라 말했다. 선전이 계속되자 기록도 따라왔다.
10월 21일 덴버 너게츠 전에서 폴 피어스를 제치고 3점슛
부문 통산 6위에 오른 커리는 앞서 소개한 워싱턴전에서
저말 크로포드를 추월해 역대 5위가 됐다. 이 과정에서
그는 7경기 연속 3점슛 5개 이상을 넣은 덕분에 조지
맥클라우드의 기존 기록(6경기 연속 3점슛 5개 이상 성공)을
갈아치웠다. 23년 만이었다. 커리는 이 시즌에 제이슨 테리
(2,282개)까지 추월하며 NBA 역사상 3번째로 많은 3점슛을
성공시킨 선수가 됐다. 2018-2019시즌까지 총 694경기
동안 그가 넣은 3점슛은 2,483개. 역대 1위는 레이 알렌
(2,973개)이고 2위는 레지 밀러(2,560개)였는데 알렌이
1,300경기를, 밀러가 1,389경기에 걸쳐 이 기록을 세웠음을
감안하면 커리의 페이스는 굉장히 빠른 셈이었다. 때문에

사람들은 커리가 '건강하다면' 두 선수를 추월하는 것은 시간문제라고 내다봤다. 평소 자신의 역대 기록에 연연하지 않았던 커리였지만, 2019년 1월 11일, 테리를 추월했을 때는 남다른 반응을 보였다. 이날 게임 볼을 선물로 받은 커리는 공에다가 두 선수의 싸인을 받아 넣고 싶다고 말했다. 역사를 만들어온 선배들이기 때문이다. "언젠가는 두 선수를 따라잡고 싶어요. 이 페이스대로라면 수 년 내로 가능하겠죠. 두 선수가 있었기에 저도 있었습니다. 두 선수가 쌓아온 업적을 존경합니다." 커리는 2018-2019시즌에 통산 3번째 올-NBA 퍼스트 팀에 이름을 올렸고, 주간 MVP에도 두 번 선정됐다.

내우외환에 시달리다

그러나 이런 개인적인 성공, 우승에 대한 열망과 달리 골든 스테이트는 시즌 내내 내우외환에 시달렸다. 기자들 관심이 끊이지 않는 것은 어제오늘 일이 아니었지만 '행복 농구'로 2년 연속 우승을 달성했을 때와 다른 점이 있다면 그것이

'팀 케미스트리'와 직결된 이슈였다는 점이다. 그것도 하필 커리가 부상으로 빠진 시점에서 일어나면서 팀은 낯선 분위기 속에서 표류하게 된다. 우선 커리가 빠지게 된 계기부터 살펴보자. 골든스테이트는 2018-2019시즌을 10승 1패로 시작했다. 이견의 여지가 없는 우승후보였다. 그런데 11월 8일 밀워키 벅스전에서 커리가 사타구니 부상을 입게 된다. 그는 이후 11경기를 결장했는데 팀은 거짓말처럼 미끄러져 11월을 15승 8패로 마쳤다. 커리없이 4승 7패에 그친 셈이었다. 듀란트, 탐슨이 40분 이상을 소화하며 50~60점씩을 합작했고, 때로는 두 선수가 70점 이상을 올릴 때도 있었지만 흥이 살지 않았다. 이유가 있었다. 내분이 있었다. 11월 13일 LA 클리퍼스전은 향후 NBA 판도를 바꾼 엄청난 사건이 일어난 날이었다. 스코어는 106-106. 남은 시간은 5.6초. 드레이먼드 그린이 리바운드를 잡자 듀란트가 공을 달라는 제스처를 취했지만, 그린은 이를 무시하고 코트를 넘어갔다. 상대가 기다렸다는 듯 그린을 압박하자 그린은 그만 실책을 범하고 말았고 결국 경기는 연장으로 가야 했다. 골든스테이트는 이 경기를

116–121로 졌다. 한참 분위기가 좋던 골든스테이트 벤치는
싸늘해졌다. 특히 두 선수가 벤치에서 옥신각신하는 장면이
포착됐고, 두 선수는 라커룸까지 가서 심한 언쟁을 벌였다.
이 과정에서 그린은 듀란트에게 하지 말아야 할 말까지
하면서 분위기를 망친 것으로 알려졌다. 《ESPN》은
'워리어스 시대에 가장 강도 높은 갈등'이었다고 보도했다.
골든스테이트는 그린에게 한 경기 출전정지 징계를
내리면서 사태를 진정시키고자 했지만, 이미 미디어는
'갈등'이라는 최고의 미끼를 문 상태였다. 2021년 여름,
올림픽 직후 두 선수는 인터넷 방송에 출연해 이 이슈에
대해 함께 돌아봤는데, "팀원으로서 풀고 갈 이슈였지만
구단과 감독이 일을 키웠다"며 아쉬워했다. 누가 더 잘못을
했든 이 이슈는 듀란트가 골든스테이트를 떠나는데
단초를 제공했다. 듀란트는 단기 계약을 체결했기에
2018–2019시즌이 되면 자유계약선수가 되는 상황이었다.
때문에 미디어는 틈만 나면 듀란트의 거취에 대해 묻기
바빴다. 심지어 플레이오프와 파이널 중에도 그에게
'계획'을 물었다. 이런 어수선한 상황에서도 골든스테이트는
57승 25패로 서부 1위를 지켰다. 60승을 거뜬히 넘었던
과거와는 달랐지만 1월 초부터 17경기에서 16승 1패를
달리는 등 커리–탐슨–듀란트 셋이 뭉치면 여전히 뜨겁다는
것을 증명하며 우승에 대한 기대감을 드높였다.

형제 대결 : 스테픈 대 세스

플레이오프는 무난했다. 1라운드에서는 LA 클리퍼스를
4승 2패로 제압했고, 2라운드에서도 휴스턴 로케츠에
4승 2패로 승리했다. 3~4차전을 내리 패해 2승 2패가
됐을 때만 해도 고전이 예상됐다. 그러나 5차전은 탐슨이,
6차전은 커리가 터지면서 무난히 마침표를 찍었다. 특히
6차전은 커리의 커리어에서도 조금 유별한 경기였다.
듀란트가 종아리 부상으로 결장하고, 드마커스 커즌스와
안드레 이궈달라도 컨디션이 안 좋았던 상황이었다.
어떻게든 커리가 나서줘야 하는 경기였으나 커리는
전반 내내 단 1점도 올리지 못했다. 본인조차 "이런 날이
있었나 싶을 정도로 최악이었다"고 말했을 정도로 경기가
잘 풀리지 않았다. 실제로 NBA 데뷔 후 플레이오프 전반
무득점은 처음이었다. 3쿼터가 끝났을 때도 그는
10점에 그쳤다. 하지만 4쿼터에 리듬을 되찾았고,
마지막 12분 동안 그는 23점을 집중시켰다.

이 경기는 제임스 하든의 폭발력도 만만치 않았지만
승부처에 더 집중력이 좋았던 선수는 커리 쪽이었다.
하든이 중요한 시점에 공격자 파울을 범한 반면 커리는
마지막 90초 동안 홀로 5점을 챙기며 컨퍼런스 파이널
진출을 도왔다. 서부 컨퍼런스 결승 상대는 포틀랜드였다.
커리 데뷔 후 두 팀의 세 번째 만남이었다.

그러나 결과는 다르지 않았다. 듀란트가 부상으로 시리즈
전체를 결장했지만 승리에는 큰 지장이 없었다. 오히려
이 시리즈는 다른 의미에서 주목을 받았다. 바로 '커리
가(家)'의 대결이다. 《USA 투데이》는 "커리 가문이
NBA 로열 패밀리 같다"라고 보도했다. 스테픈 커리의
상대편인 포틀랜드에 커리의 친동생인 세스 커리가
있었기 때문이다. 2017년 파우 가솔(샌안토니오)과
마크 가솔(멤피스) 형제가 1라운드에서 만난 이래 처음으로
플레이오프 형제 맞대결이 성사됐다. 차이점이 있다면 2
017년의 파우 가솔은 선수 경력의 끝자락에 있었다는 것.
반대로 커리 형제는 이제 막 불타던 시점이었다.

세스 커리는 형 못지 않은 '언더독'이자 '대기만성' 선수다.
1990년생으로, 명문 듀크 대학을 졸업했지만 2013년
드래프트에서 낙방했다. 말 그대로 누구도 찾지 않았던
것이다. 2013년부터 2016년까지 짧은 시간 동안 멤피스,
클리블랜드, 피닉스, 새크라멘토 등 4개 팀을 돌아다녔다.
그 사이 NBA 하부리그인 G리그도 수차례 다녀왔다.
비로소 자리를 잡은 건 2016년 댈러스 입단 뒤였는데,
빠르고 정확한 슈팅 덕분에 눈도장을 찍을 수 있었다.
세스 커리는 2016-2017시즌 댈러스에서 70경기에 출전,
12.8득점을 올리면서 주가를 높였다. 그러나 안타깝게도
2017년에는 정강이 피로골절 인해 한참 뛰어야 할 시기를
놓치는 일도 있었다. 그랬던 세스 커리에게 구원의 손길을
내민 팀은 바로 포틀랜드였다. 포틀랜드는 세스 커리와
2년 계약(1년 플레이어 옵션)을 체결했고, 그는 릴라드,
CJ 맥칼럼을 보좌하며 비중을 키워갔다. 당장 경기를
좌우할 비중은 아니었지만 로드니 후드와 함께 벤치
유닛을 책임졌다. 플레이오프에서 성사된 형과의 만남은
이 시리즈의 백미 중 하나였다. 미디어의 시선은
부모님에게로 쏠렸다. 과연 아버지와 어머니는 누구를
응원할 것인가? 재치있게도 델 커리 부부는 앞면과
뒷면에 각각 골든스테이트와 포틀랜드 유니폼이 그려진
옷을 입고 등장해 시선을 강탈하기도 했다. 이를 본
스티브 커 감독은 "두 자녀가 플레이오프에서 나란히

맞붙으며 빅샷을 터트리는 장면을 상상이나 해보셨나요?
아마도 이들 가족에게는 이루 말할 수 없을 정도로
큰 의미를 갖는 순간일 것입니다"라며 축하를 건네기도
했다. 형의 경기를 10년 넘도록 한 번도 빼놓지 않고 봤다는
세스 커리는 전의를 불태웠다. 심지어 형이 자유투라인에
섰을 때, 형이 거슬려할 만한 옛날이야기를 꺼내며 훼방을
놓기도 했다. 그러나 골든스테이트는 그가 어찌한다고
넘어설 수 있는 상대가 아니었다. 4승만 더 거두면
파이널이었지만, 골든스테이트와 스테픈 커리는 접근조차
허락하지 않았다. 세스 커리는 2차전에서 16득점(3점슛 4개)
으로 분전했지만 이 경기에서 형은 37득점을 퍼부으며
'형만한 아우 없다'는 것을 보였다. 커리는 경기 후 "내 인생
에서 가장 쿨한 경험"이라며 "동생이 잘 해서 행복하고
우리 팀이 이겨서 기쁩니다"라고 소감을 남기기도 했다.
훗날 커리는 관중석에 나란히 앉아 자신과 동생이 활약할 때
마다 좋아서 어쩔 줄 몰라하던 부모님을 보며 뿌듯했다고
고백했다. 장난삼아 "엄마는 누구 응원할 건가요?"라고
묻기도 했다며 말이다. 커리는 1차전 36점, 2차전 37점,
3차전 36점…. 여기에 연장까지 가서 승리(119–117)한 4
차전에는 37득점에 어시스트 11개, 리바운드 13개로

트리플더블까지 작성하며 시리즈를 종결지었다. 4경기
평균 36.5득점은 7전 4선승제를 4경기 만에 끝낸 역대
선수들 중 최다득점이었다. 기존 기록은 2002년
샤킬 오닐이 세운 36.3점이었다. 듀란트가 빠진 자리를
아주 훌륭히 메워줬다는 점, 그리고 2~4차전 내내 10점차
이상으로 밀리다가 뒤집었다는 것에서 큰 의미가 있었다.
어쩔 수 없이 볼 소유가 늘었는데 그 임무를 훌륭히
완수한 것이다. 그렇게 골든스테이트는 5년 연속
NBA 파이널에 진출했다. 1950년대 보스턴 이후 최초다.
샐러리캡이 만들어지고 팀이 늘어나고, 전력 분석이
체계화되면서 어느 스포츠든 현대에 이런 업적을 세우기란
쉽지 않다. 그런 면에서 골든스테이트가 세운 기록은
주목할 만했다. 아무리 스타들이 많다고는 해도, 부상자가
속출하는 상황을 이겨내며 거둔 성과였기 때문이다.

원맨쇼로는 '저무는 시대'를 잡지 못했다

1990년대 동부 컨퍼런스 감독들은 시카고 불스를 만날 때면
전날 밤 잠을 제대로 못 잤다고 한다. 마이클 조던을
어떻게 막아야 할 지 고민이 이만저만이 아니었기 때문이다.

북미스포츠 5년 연속 결승 진출팀		
NHL 몬트리올 캐내디언스 10년 *1950~1960*		10
NBA 보스턴 셀틱스 10년 *1957~1966*		10
NFL 클리블랜드 브라운스 6년 *1950~1955*	6	
NBA 골든스테이트 워리어스 5년 *2014~2019*	5	
MLB 뉴욕 양키스 5년 *1949~1953*	5	
NHL 몬트리올 캐내디언스 5년 *1964~1969*	5	
NHL 뉴욕 아일랜더스 5년 *1979~1984*	5	

| 00 | 02 | 04 | 06 | 08 | 10 |

팻 라일리(전 뉴욕, 마이애미 감독)나 제프 밴 건디 (전 뉴욕 감독)은 "감독을 공부하게 만드는 선수"라고 입을 모았다. 그러나 이런 각고의 노력에도 불구, 조던은 더블팀을 붙이든 거친 수비를 하든 결국 30점을 채우곤 했다. 2000년대 샤킬 오닐도 그랬다. 어찌해도 막을 방법이 없자 급기야는 파울하는 것이 작전이 됐다. '핵-어-샥 (hack-a-Shaq)'라 불린 이 방식은 오닐의 약점이 자유투라는 점에서 착안해 그를 계속해서 자유투라인에 세우기 위해 만들어졌다. 커리의 NBA 첫 지도자였던 돈 넬슨, 샌안토니오의 그렉 포포비치 감독조차도 이를 사용했을 정도로 오닐의 존재감은 스트레스였다. 커리도 같은 종류의 스트레스를 감독들에게 안겼다. 수많은 엘리트 수비자들이 커리를 막느라 진땀을 뺐다. 슛만 잘하는 선수가 아니라 이타적이고 패스까지 뛰어난 선수였기 때문이다. 최근 수비에서 명성을 떨치고 있는 마티스 타이블 (필라델피아 세븐티식서스)은 "커리뿐 아니라 골든스테이트 자체가 워낙 빠르고 영리하기 때문에 수비가 힘듭니다. 팀 선수들 모두가 커리를 어떻게 활용해야 할 지 알고 있거든요"라며 어려움을 토로했다. "게다가 커리는 그 자체만으로도 다이내믹한 화력을 지닌 선수에요. 선수

입장에서는 큰 도전인 셈이죠. 갑자기 스피드를 끌어올려 와이드오픈 3점슛 찬스를 만들어내더군요." 시카고의 빌리 도노반 감독은 '커리는 서서히 상대를 무너뜨리는 선수'라고 말한다. 잠잠하다가도 기습적으로 1~2개씩 넣으며 상대 기운을 뺀다는 것이다. 앞으로도 커리를 멈추기 위해 감독들은 계속 고민을 이어갈 것이다. 일반적으로 그를 가장 지치게 만든 좋은 방법은 전문 수비수를 붙여 가능한 최고로 터프하게 막는 것이다. 이미 대학시절부터 갖가지 방식의 수비를 다 상대했던 커리에게는 익숙한 일이지만, 여전히 혼자서는 극복하기 힘든 방법이기도 하다. 골든스테이트 성공 뒤에는 커리를 몸으로 도와준 보거트, 페스터스 이질리, 드레이먼드 그린, 모리스 스페이츠, 케본 루니 같은 선수들이 있었다. 그들은 커리가 편하게 공을 잡거나 움직일 수 있도록 도왔고, 상대는 커리의 그 행위부터 방해해야 했다. 2015년 NBA 파이널에서의 매튜 델라베도바부터 최근의 알렉스 카루소, 타이블 등이 그랬듯 말이다. 그런 감독들에게 토론토 랩터스는 중요한 힌트 하나를 주었다. 토론토는 동부 컨퍼런스 파이널에서 필라델피아를 '아주' 극적으로 이기고 NBA 파이널에 사상 처음으로 올라섰다. 3년 연속 우승에 도전하던 골든스테이트 기세를 꺾는 일은 쉽지

않았다. 슈팅 팀이기에 기세를 타지 못하도록 막는 것이 중요했다. 그래서 토론토를 이끌던 닉 널스 감독은 파이널 2차전에서 누구도 예상하지 못한 지역방어를 꺼내든다. 바로 박스-앤-원(Box-and-One)이다. 박스-앤-원은 4명이 지역방어를 서고, 나머지 한 명이 커리를 마크하는 것이다. 농구만화 「슬램덩크」를 읽어본 독자들이라면 자세히는

몰라도 어색하진 않을 것이다. 이 수비는 커리가 흔들리면 전체적으로 리듬을 찾지 못할 것이라는 계산에서 내세운 수비다. 사실 이 박스-앤-원은 프로에서는 좀처럼 쓰이지 않았던 수비다. NBA에 올 정도라면 누구 하나 버려둘 수 없을 정도로 득점력이 출중하기 때문이다. 1명이 지워져도 다른 4명이 있기에 위험 부담이 크다. 지난 10여년을

돌아봐도 그 부작용은 충분히 확인할 수 있었다. 2012년 런던올림픽 결승에서 스페인대표팀이 미국을 상대로 이 수비를 사용했지만 처참히 실패했다.
세르히오 스카리올로 감독이 케빈 듀란트를 견제하고자 했지만 미국대표팀에는 르브론 제임스, 코비 브라이언트, 크리스 폴 등이 있었다.

한국프로농구에서도 2019년 2월, KCC를 이끌던 스테이시 오그먼 전 감독이 상대팀 SK의 애런 헤인즈를 멈추기 위해 박스-앤-원을 사용했다. 이 수비를 마주한 선수들의 반응은 대부분 '이게 뭐지?'였다. SK의 헤인즈도 "고등학생 때 마지막으로 보고 처음 봤다"는 반응이었다. 그러나 2012년 스페인이 그랬듯, KCC도 헤인즈를 당황하게 만들긴 했지만

2019 NBA FINAL

2019년 NBA 파이널은 두 가지 의미를 더 찾을 수 있다. 먼저 미국이 아닌 나라에서 열린 첫 파이널이었다. 1995-1996시즌 창단한 토론토가 NBA 파이널에 오른 건 이때가 처음이었다. 정규시즌 58승 24패를 기록해 리그 승률 1위였던 그들은 1,2차전을 토론토에서 치르면서 새 역사를 썼다. 반면 골든스테이트가 홈코트 어드밴티지없이 파이널 시리즈를 시작한 건 이때가 처음이었다. 두 번째로 르브론 제임스가 없이 치러진 첫 파이널이었다. 2010-2011시즌부터 2017-2018시즌까지 매 시즌 NBA 파이널에 진출했던 그는 2018-2019시즌을 앞두고 LA 레이커스로 이적했으나 부상으로 인해 플레이오프조차 오르지 못했다.

이기지는 못했다. 그렇다면 널스 감독이 꺼낸 박스-앤-원은 어땠을까. 이미 1차전을 118–109로 이긴 토론토는 그저 널스 감독은 듀란트가 빠진 골든스테이트를 지치게 만들고 싶었다. 경기 내내 프레드 밴블릿이 커리를 물고 늘어진 가운데, 2차전 4쿼터 종료 5분 여전 토론토는 박스-앤-원을 꺼내들었다. 이 수비를 쓴 이유는 확실했다. 앞서 말했듯, NBA는 득점 기계들이 대단히 많아 쉽게 4명을 버릴 수가 없다. 그러나 2차전 그 시점에서의 골든스테이트는 달랐다. 듀란트가 출전하지 못했고, 클레이 탐슨이 햄스트링 통증으로 코트에 없었다. 안드레 이궈달라는 몸상태가 좋지 않았고, 드마커스 커즌스도 올스타 시절의 기운을 잃은 지 오래였다. 드레이먼드 그린은 NBA 팀들이 '버려두는' 대표적인 선수였다. 외곽슛 능력이 없었던 것이다. 때문에 커리만 제대로 괴롭히면 되는 상황이었다. 골든스테이트가 106–98로 앞서는 시점, 토론토는 파스칼 시아캄과 카와이 레너드, 카일 라우리 등이 4각형 형태로 존을 만들고 밴블릿이 커리를 쫓았다. 이미 벌어놓은 점수차가 있었기에 골든스테이트는 리드를 뺏기지 않았지만, 2분 가까이 점수를 올리지 못한 채 고전했다. 커리는 10대 시절 이후 처음 보는 수비라며 닉 널스 감독의 준비력에 혀를 내둘렀다. 골든스테이트는 109–104로 이겼지만 토론토의 깊이와 투지, 그리고 코칭스태프의 준비성을 경계하게 되었다. 설상가상으로 주전 전원의 컨디션이 굉장히 안 좋았다. 1차전을 앞두고 9일을 쉬었지만 원하는 몸 상태를 얻지 못했던 것이다. 이는 단순히 경험이나 의지만으로

해결할 수는 없는 노릇이었다. 비록 이 수비로 승리를 얻진 못했지만 다른 구단들에게는 큰 힌트가 되었다. 토론토는 2020–2021시즌에도 이 수비로 커리를 괴롭혔다. 인디애나 페이서스도 토론토 수비를 벤치마킹해서 효과를 봤다. 이 경기 4쿼터에 커리는 상당히 지쳐있었다. 정확히 여기서 영감을 얻었다고 보기는 어렵지만 골든스테이트도 2021–2022시즌에 케빈 듀란트의 브루클린 네츠를 상대하면서 트라이앵글 앤 투(3명이 지역방어를 서고, 다른 둘이 맨투맨을 서는 형태)를 사용해 효과를 봤다.

다시 2019년 파이널로 돌아오자. 닉 널스 감독은 2차전 이후 박스-앤-원을 다시 꺼내들지 않았다. 아니, 그러지 않아도 될 정도로 전력 불균형이 심해지고 있었다. 3차전에서도 듀란트가 빠진 상황에서, 탐슨이 경기 시작 직전에 결장이 결정됐다. 커리 홀로 43분간 47득점을 기록했지만 토론토를 넘어서지 못했다. 3차전에서 토론토는 팀 전체가 50–40–90을 기록했다. 야투(52.4%)–3점슛(44.7%)–자유투(95.2%)에서 나무랄 데 없는 성공률을 기록한 것. 이는 1986년 보스턴 셀틱스, 2017년 골든스테이트 이후 겨우 3번째 있는 대기록이었다. 1승 2패로 끌려가게 된 골든스테이트는 홈에서 가진 4차전마저 92–105로 밀렸다. 탐슨이 돌아와 커리와 55점을 합작했지만 활동량 자체가 토론토에 비해 많이 떨어졌다. 커리는 "먼저 4승을 거두는 팀이 나오지 않는 이상 시리즈는 끝났다고 말할 수 없습니다"며 질 수 없다는 의지를 보였다. NBA 파이널에서 1승 3패를 뒤집는 일은 결코 쉬운 일은

2 : 4

GOLDEN STATE WARRIORS					TORONTO RAPTORS
109	0	GAME 1 2019. 5. 30	1	118	
109	1	GAME 2 2019. 6. 2	1	104	
109	1	GAME 3 2019. 6. 5	2	123	
92	1	GAME 4 2019. 6. 7	3	105	
106	2	GAME 5 2019. 6. 10	3	105	
110	2	GAME 6 2019. 6. 13	4	114	

아니었지만, 공교롭게도 그 낯선 상황의 희생양이 되는 경험도 해봤던 골든스테이트였다. 드레이먼드 그린도 "우리라고 못 할 것 있습니까?"라며 전의를 불태웠다. 그러나 5차전을 기점으로, 골든스테이트가 시리즈를 뒤집을 거라 기대하는 사람들은 점점 줄어갔다. 커리의 31점, 탐슨의 26점으로 골든스테이트는 106-105로 토론토에 승리했다. 승부처에서 '스플래시 브라더스'라는 별명답게 3점슛 3개를 몰아쳤다. 그러나 둘은 웃지 못했다. 부상에서 마침내 복귀한 듀란트가 이번에는 아킬레스건 부상을 입었기 때문이다. 커 감독은 일련의 부상이 커리에게도 과부하로 찾아올 것을 우려했다. 시아캄, 레너드는 큰 신장에 긴 팔, 민첩성을 갖춘 선수들이었다. 밴블릿은 '투지'로 똘똘 뭉친 영건이었고 라우리는 여유, 그 자체였다. 넷이 집중적으로 커리를 괴롭히다보니 집중력도 떨어질 수밖에 없었다. 게다가 5차전은 워낙 중요한 경기다보니 4쿼터에는 이례적으로 12분을 모두 소화해야 했다. 결국 시리즈는 뒤집히지 않았다. 필사적으로 버텼지만 110-114로 패했다. 탐슨마저 착지 과정에서 무릎이 꺾이면서 십자인대 부상을 당했다. 이쯤 되니 골든스테이트는 우승이 아니라 다음 시즌 전력을 걱정해야 할 지경까지 이르렀다. 커리는 21득점을 기록했지만 새로운 챔피언의 탄생을 막지 못했다. 시리즈 종료 후 기자회견에 나선 커리의 표정은 결코 밝지 못했다. 패배를 떠나 동료들의 연이은 부상이 그의 근심을 더한 듯했다. 커리는 "6차전이든, 7차전이든 경기에서 지는 것은 누구나 다 원치 않을 것입니다. 그만큼

속상한 일입니다"라며 패배를 곱씹었다. 그러나 그는 파이널 무대에 다시 서기 위해 노력했고, 주어진 여건에서 최선을 다했기에 후회는 없다고 밝혔다. 시리즈가 어떻게 끝났든 말이다. 동료들의 부상을 떠나 커리가 못내 아쉬워한 부분이 하나 있다면 바로 시리즈가 끝난 장소일 것이다. 6차전은 골든스테이트 홈구장인 오라클 아레나에서 열렸다. 커리 데뷔 후 플레이오프에서 단 한 번도 빈자리가 없었던 그 구장이다. 커리는 이 체육관에서 세 번이나 우승을 기념했다. 골든스테이트는 2018-2019시즌을 끝으로 오라클 아레나를 떠나 체이스 센터로 옮겨간다. 오라클 아레나는 NBA에서 가장 오래된 구장 중 하나였다. 2000년대에 등장한 유나이티드 센터(시카고), 스테이플스 센터(로스엔젤레스), 골든1 센터(새크라멘토) 등에 비하면 복도도, 라운지도 좁은 편이어서 기념품 하나를 사려고 해도 수십분을 기다려야 했고, 어디를 가든 통행 동선이 겹쳐 불편함이 따랐다. 반면에 샌프란시스코 미션베이 지역에 위치한 체이스 센터는 공사비만 무려 10억 달러가 들어간 최신식 구장이다. 커리는 좋은 추억을 많이 남겨온 구장에서 마무리를 우승으로 매듭짓지 못해 아쉽다면서도 "이제 페이지를 넘겨 새로운 도전을 할 것입니다. 패배를 어떻게 극복하고 응답하느냐가 중요해요. 저는 지금의 기분을 동기부여 삼아 다시 일어설 것입니다. 우리는 잘 해낼 것입니다. 그리고 새로운 빌딩에서 새로운 추억을 만들어갈 것입니다"라며 의욕을 전했다. 5년 간 이어진 '워리어스 신화'의 챕터는 그렇게 마침표를 찍었다.

#UNDER_ARMOUR
#UNDERDOG
#OAKLAND_STRONG

오타 하나가 바꾼 브랜드 시장,
그리고 언더독 신화

스테픈 커리가 처음부터 슈퍼스타는 아니었다. 4년에 4,400만 달러 계약을 맺을 때만 해도 투자 가치에 의구심을 갖고 있던 이들이 많았다. 발목 부상에 대한 우려는 제법 오랫동안 커리 곁을 맴돌았다. 이러한 온도는 스포츠 마케팅 시장도 다르지 않았다. 커리는 데뷔할 때만 해도 나이키 농구화를 신어왔다. 그러나 나이키는 여타 NBA 스타들에 비해 커리에 대해서는 무관심했다. 이는 재계약 협상 과정에서도 여실히 드러났다. 나이키가 준비한 서류에는 커리의 이름에 오타가 있었다. 'Stephen'이 아닌 'Stephon'으로 새겨졌던 것. 당시 커리의 유명세를 떠나 예의가 아니었다. 당연히 커리는 기분이 상했다. 더 큰 문제는 그 다음에 일어났다. 프레젠테이션 화면에

커리의 이름이 아닌 케빈 듀란트의 이름이 있었던 것이다. 아들과 함께 협상 자리에 나섰던 델 커리는 《ESPN》과의 인터뷰에서 "포커페이스를 유지하려고 정말 애썼던 기억이 난다. 그 뒤에는 결별을 결심했다"라고 돌아봤다. 물론 나이키에는 마이클 조던과 르브론 제임스, 케빈 듀란트, 러셀 웨스트브룩 등 이미 계약 중이던 슈퍼스타들이 많았기에 휘청거릴 만한 타격은 입지 않았다. 그러나 마이클 조던 이후 '돈'과 관련된 '시장 임팩트'에서는 단연 최고의 성과를 거둔 커리를 허망하게 보낸 것은 분명 큰 실수였다.

커리는 2013년, 언더아머로 브랜드를 옮겼다. 평소 자신의 시그니처 농구화를 갖고, 아이들을 위해 농구 클리닉을 개최하는 것이 꿈이었던 커리는 언더아머에

서 그 꿈을 이루었다. 농구화 시장에서 시장 점유율을 늘리고 싶었던 언더아머 역시 마찬가지. 계약 후 불과 2년 만에 정규 시즌 MVP가 된 커리는 언더아머를 농구화 시장에서 제법 유명한 브랜드로 만들어주었다. 언더아머가 출시한 커리의 시그니처 농구화도 '대박'을 기록했다. 특히 2016년에 발매된 그의 두 번째 농구화, '커리2'가 1억 달러 이상의 매출을 올렸다. 커리 역시 "늘 긍정적인 자세에 놀랐고, 제 스토리와 제 브랜드에 대한 정성에 놀랐습니다"며 만족감을 표했다.

한편, 커리는 자신의 농구화를 이용해 메시지를 전달하는가 하면, 어려운 사람들을 돕고 있다. 2016년 12월 '오클랜드는 강하다(Oakland Strong)'라는 문구가 새겨진 농구화는 3,600만 원에 팔렸다. 그

는 이 문구를 새긴 농구화를 경기 중에 착용하기도 했는데, 이는 같은 달 오클랜드 화재 사고로 사망한 이들을 추모하고 유가족들을 위로하기 위한 의도였다. 그는 경기 중 착용한 농구화를 경매에 내놓아 얻은 수익금 3,600만 원을 모두 기부했다.

2021년 4월에는 농구화에 이소룡이 그려진 농구화를 신고 뛰어 눈길을 끌었다. 농구화에는 이소룡이 생전에 남긴 "하늘 아래 우리는 모두 한 가족(Under the heavens, there is but one family)"이라는 문구가 새겨져 있었다. 커리는 이 농구화 역시 경매에 내놓았으며, 농구화는 1,800만 원에 판매되었다. 당연히 이 역시 기부를 위한 경매였다. 커리는 3월 애틀랜타 총격 사건의 피해자 가족들을 지

원하기 위해 수익금 100%를 내놓았다. 당시 총격 사건으로 총 8명이 숨지고 1명이 다쳤는데, 사망자 중에는 한인 여성도 4명 있었다.

커리는 슈퍼스타 반열에 오를 무렵부터 이런 활동에 적극적이었다. 3점슛을 넣을 때마다 아프리카에 모기장을 기부해왔고, 'Make a Wish' 재단을 통해서는 난치병 어린이들을 만나 아이들의 소원을 들어주었다. 유명인사들과의 골프대회에 출전해 수익금 일부를 기부하는 일도 했다. 그는 이러한 기부 활동이 부모님의 영향 덕분이라 말한다. 샬럿 호네츠에서 오랜 시간을 보낸 델 커리는 샬럿 전역에 컴퓨터 교육센터를 지을 수 있게 지원해왔고, 아버지 당부에 따라 스테판 커리는 동생 세스 커리와 함께 교육센터에서 자원봉사

를 하기도 했다. "아버지와 어머니는 어릴 때부터 우리가 얼마나 많은 행운을 누리고 있는지 잊어선 안 된다고 말씀하셨죠. 농구골대에 공을 넣는 것만으로도 사람들에게 희망을 줄 수 있다는 사실이 기쁘고, 감동을 줍니다." 커리의 이런 활동은 2020-2021시즌을 맞아 더 활발해지고 있다. 자신의 이름을 딴 '커리 브랜드'를 런칭한 그는 브랜드 수익금을 이용해 기회를 목말라하는 학생들을 돕겠다는 계획이다. 커리는 "재능은 어디에나 있지만 기회는 그렇지 않습니다. 저는 두 가지 격차가 해소된 환경을 만들고 싶습니다"라고 말했다.

커리는 얼마나 벌었을까

커리 수입에 관한 12가지 진실

$2,710,560 *2009-2010*	**1**	커리는 2021-2022시즌 NBA 최고 연봉 선수다. 2위 제임스 하든(브루클린 네츠)보다 100만 달러 이상 많다. 이변이 없는 한 2022-2023시즌도 최고 연봉 선수로 남아있을 것이다.
$2,913,840 *2010-2011*	**2**	커리는 2017년 7월 1일, 2억 100만 달러에 계약 기간을 5년 연장했다. NBA 최초로 계약규모 2억 달러를 넘긴 선수가 됐다.
$3,117,120 *2011-2012*	**3**	2021년 8월 4일에 2억 1,500만 달러 규모에 4년 계약을 체결하면서 NBA 역사상 2억 달러 수준의 계약을 2번 체결한 최초의 선수가 됐다. 이 계약은 2022-2023시즌부터 유효하며 2025-2026시즌에 만료된다.
$3,958,742 *2012-2013*	**4**	커리가 NBA 선수로 뛰며 낸 벌금은 10만 8천 달러다. 한화 약 1억 2,870만원. 가장 규모가 큰 벌금은 50,000달러로, 2017년 10월 23일 멤피스 그리즐리스 전에서 관중석을 향해 마우스피스를 던져 벌금을 고지받았다.
$9,887,642 *2013-2014*	**5**	커리의 첫 계약은 2009년 맺은 2년 계약이었다. 당시 계약 규모는 562만 달러. 올 시즌 커리가 15경기만 뛰어도 벌 수 있는 돈이다.
$10,629,213 *2014-2015*	**6**	골든스테이트 구단이 딱히 정신 나간 짓은 하지 않겠지만, 커리 계약에는 트레이드 거부권은 없다. 그러나 만일 트레이드가 발생한다면 15% 트레이드 키커 조항에 따라 트레이드에 따른 보너스 15%를 더 지급해야 한다. 말이 그렇다는 이야기다.
$11,370,786 *2015-2016*	**7**	커리가 2년 연속 MVP가 되었던 2015-2016시즌, 그의 연봉은 1,137만 달러로 NBA에서 겨우 61위였고, 통산 2번째 우승을 차지한 2016-2017시즌에는 82위였다. 그러나 2017-2018시즌부터 지금까지는 한번도 1위를 놓치지 않았다.
$12,112,359 *2016-2017*	**8**	그러나 커리의 실수령액은 50%가 채 되지 않는다. 에이전트 수수료 4%, 연방세와 주(州)세 등을 제하고나면 실제 통장에 입금되는 돈은 연봉의 44% 수준인 것으로 알려졌다.
$34,682,550 *2017-2018*	**9**	매년 커리가 기부금으로 내는 돈은 100만 달러 이상이다. 2020년에는 코로나19로 인해 끼니를 거르는 오클랜드 지역 학생들을 위해 100만 끼니를 제공하기도 했다.
$37,457,154 *2018-2019*	**10**	위 연봉은 골든스테이트와의 순수 계약에 따른 금액일 뿐이다. 올스타전, 플레이오프 승리, 우승 등에서 따라오는 수당과 인센티브, 상금 등은 제외된 액수다.
$40,231,758 *2019-2020*	**11**	커리는 2015년 9월 언더아머와 연간 400만 달러 후원 계약을 체결해다. 이 계약은 2024년까지 지속된다.
$43,006,362 *2020-2021*	**12**	그럼에도 불구하고 NBA에서 수입이 가장 많은 선수는 커리가 아닌 르브론 제임스다. 르브론 제임스의 연봉은 커리보다 조금 적은 4,120만 달러이지만 나이키를 비롯한 후원 계약으로 연간 7,000만 달러 이상을 벌어들이고 있다.

02

다시, 증명의 길에
발을 내딛다

워리어스, 잊혀지다

지난 2년여 동안 세계는 '낯선 상황'을 연달아 마주했다. 비가 많이 내려 홍수가
나고, 대규모 산불이 일어나고, 지진이 일어나는 재해도 가슴 아픈 일이지만
전 세계가 '동시에' 겪는 사고는 아니었다. 또한 수습에 대한 가이드라인이
아주 오랜 시간에 걸쳐 만들어져왔다. 그러나 전염병은 달랐다. 코로나19는
세계인의 생활 방식을 송두리째 바꿔놓았다. 수백 억을 벌어들이는 '갑부'들의 리그,
NBA라고 별 수 없었다. 리그가 중단되었다가 재개되고, 관중 입장이 제한되었으며
선수들조차 행동에 제약이 있었다. 코로나19만큼은 아니겠지만, 골든스테이트
팬들에게는 'W(승리)'가 아닌 'L(패배)' 칸에 무섭게 쌓여가는 숫자도 낯설었을
것이다. 3승 15패, 9승 33패, 15승 50패…. 10년 전 스테픈 커리가 막 NBA에
왔을 때도 이 정도로 승률이 저조하진 않았다. 아니, 이 정도로 경기력이
최악이진 않았다. 새로운 강자들에 의해 NBA 판도가 새롭게 정리되는 동안
골든스테이트는 빠르게 그 자리에서 내려오고 있었다. 명확한 이유가 있었다.
일단 2018-2019시즌 내내 이적설이 돌던 듀란트가 4년 계약을 맺고
브루클린 네츠로 이적했다. 5년 연속 파이널에 진출하는 동안 큰 형님 역할을
제대로 했던 이궈달라는 멤피스 그리즐리스로 이적했으며, 십자인대 수술을 받은
클레이 탐슨은 2019-2020시즌 전체 결장이 예고된 상태였다. 2019년 10월 24일,
체이스 센터에서 공식 개막전을 치를 때 골든스테이트 핵심 중 파이널을 제대로

뛰어본 선수는 커리와 드레이먼드 그린, 케본 루니뿐이었다. 스티브 커 감독은 듀란트를 보내는 과정에서 브루클린으로부터 영입한 디안젤로 러셀이 커리와 좋은 파트너가 될 것이라 기대했지만 둘의 합은 전혀 맞지 않았다. 혼란의 연속. 팀은 시종 끌려 다니다 122-141로 패했다. 3쿼터에만 무려 46점을 실점했다. 마치 이전 5년간 골든스테이트가 3쿼터를 지지대 삼아 점프했듯, 이번에는 클리퍼스가 3쿼터에 그들을 짓밟은 것이다. 경기 후 스티브 커 감독과 커리는 갈 길이 멀어 보인다는 취재진의 의견에 동의했다. 커 감독은 "심지어 새 체육관에서 플레이하는 것조차 익숙해지지 못했다"라며 어색해했다. 커리는 어땠을까. 어느덧 팀내 최고참이 된 그는 "비디오 분석 시간이 정말 길어질 것 같아요"라며 너스레를 떨었지만 홀로 뭐라도 해보려다 실책 8개를 범하는 등 힘들어하는 기색이 역력했다. 그러나 진짜 혼란은 이때부터가 시작이었다. 시즌 4번째 경기였던 10월 30일 피닉스 선즈전에서 커리가 손 골절상을 입는다. 빅맨 애런 베인즈와 충돌하면서 왼손이 골절된 것이다. 다행히 슈팅 핸드는 아니었지만 최소 3개월 이상은 쉬어야 하는 중상이었다. 골든스테이트는 커리의 복귀를 서두르지 않았다. 당장 우승을 노릴 상황은 아니었던 탓이다. 그린도 결장이 잦았다. 지난 5년간 누적된 마일리지 탓인지 발목, 손가락, 허리, 무릎 등 갖가지 통증에 시달리며

그 시즌 43경기 출전에 그쳤다. 2012년 데뷔 후 60경기를 채우지 못한 시즌은 이때가 처음이었다. 2019년 파이널에서 선전해줬던 케본 루니도 엉덩이, 복부 통증 등으로 거의 코트에 나서지 못했다. 그 사이 골든스테이트는 젊은 선수들을 중심으로 재건에 나섰다. 듀란트 대신 받아온 디안젤로 러셀을 미네소타 팀버울브스로 트레이드 하고, 대신 앤드류 위긴스를 영입했다. 2014-2015시즌 신인상 출신인 위긴스는 매 시즌 20+득점을 해줄 자원이긴 했지만 슈퍼스타 반열에 오르기에는 뭔가 하나가 아쉬웠던 선수였다. 게다가 연봉은 무려 2,705만 달러로 규모 또한 만만치 않아 한동안 위긴스 영입이 적절했는가를 두고 논란이 있었던 것도 사실이다. 물론 2021-2022시즌 들어 더 할 나위 없이 합을 잘 맞추고 있지만, 적어도 합류 후 한동안은 '케미스트리'에 대한 꼬리표가 따라다녔고, 그 역시 이를 증명해야 하는 상황이었다. 그 와중에 젊은 선수들이 하나, 둘 눈에 보이기 시작했다는 것은 골든스테이트 팬들에게는 그나마의 위안거리였다. 조던 풀, 에릭 파스칼, 카이 보우만, 대미언 리, 후안 토스카노-앤더슨 등 20대 선수들이 신선한 선전을 이어갔다. 골든스테이트의 5년 연속 파이널 진출에는 레안드로 발보사, 숀 리빙스턴, 모리스 스페이츠, 페스터스 이질리 등 조력자들의 알토란 같은 활약이 큰 영향을 주었다. 아마도 골든스테이트

팬들은 새 얼굴들 중 누군가가 그런 존재로 커주길 바라며 응원하지 않았을까 싶다. 늘 연승, 대승, 신기록 등에 대한 숫자로 빼곡하던 골든스테이트 게임노트는 한동안 이 젊은 선수들에 대한 소개 자료로 대체됐다. 이들이 어떤 배경을 가지고 있고, 어디서 태어났으며, 등번호에는 어떤 사연이 있는지 등이다. 재건을 위한 골든스테이트의 의지라고도 해석할 수 있지만, 다른 한편으로는 이렇게까지 설명해야 할 정도로 선수들이 '무명'이었음을 알 수 있다. 커리는 3월 5일, 토론토 전에서 긴 공백 끝에 복귀했다. 무려 4개월 여 만. 23득점 7리바운드 7어시스트를 기록했다. 비록 팀은 졌지만 모처럼 체이스 센터가 들썩였다. 하지만 이 경기는 커리의 시즌 마지막 경기가 되고 만다. 이후 커리는 독감 증세를 보여 2경기를 결장했다. 다행히 코로나19는 아니었기에 그가 곧 돌아와 정상적으로 시즌을 마무리하겠다는 의지가 보였다. 하지만 유타 재즈의 루디 고베어가 코로나19 확진자로 판명이 되면서 NBA는 시즌 전면 중단을 결정했다. 커리가 복귀한 지 단 1주일 만에 일어난 일이다. NBA는 잔여 시즌을 플로리다 주 올랜도에서 '버블' 형태로 재개했지만 플레이오프 진출이 확정된 팀, 혹은 가능한 팀들만 초대를 받았다. 골든스테이트는 저조한 성적으로 인해 초대받지 못했다. 그야말로 잊혀진, 팀 역사상 가장 혼란스러웠던 시즌이었다.

선한 영향력을 발휘하다

이 무렵 커리는 이미 '농구스타' 영역을 넘어있었다. 세계에서 가장 영향력 있는 운동선수 중 하나가 되어 있었다. 《월 스트리트 저널》의 제이슨 게이 기자는 "커리가 이제 로저 페더러의 영역에 들어섰다"라고 칼럼을 쓰기도 했다. 나이가 들었어도 여전히 대단한 플레이를 해내고, 그래서 함께 뛰는 NBA선수들에게도 선망의 대상이 된 그런 존재 말이다. 커리도 본인의 입지를 잘 알고 있었다. 때문에 코트 밖에서는 자신의 관심 분야와 '공익'을 적절히 연관시켜 가며 영향력을 활용했다. 코로나19가 세계로 확산되던 2020년 3월. 그는 미국 국립알레르기 전염병 연구소 소장인 앤서니 파우치 박사와 화상 대화를 나누었다. 이 대화는 소셜미디어를 통해 라이브로 중계되었는데 무려 5만 명 이상의 시청자가 몰렸다. 커리가 이 인터뷰를 기획한 이유는 단 하나. 코로나19에 대한 경각심을 일깨우기 위한 일이었다. 코로나19는 젊은 사람도 피해갈 수 없고, 이로 인해 주변의 노인들이 감염될 수 있다는 것을 강조했다. 또 2020년 3월, 팬데믹으로 학교에 등교하지 못해 급식 기회를 잃은 학생 18,000명을 위해 100만 끼를 기부하기도 했다. 골프에서도 눈길을 끌었다. 커리는 스스로 농구 선수가 아니었다면 골프를 했을 것이라 말할 정도로 골프광이다.

동생이 풋볼과 낚시를 좋아하는 것과 달리, 커리는 골프에 미쳐있다. 골프 역시 부친에게서 배웠다. 13살 때는 아버지에게 이기기까지 했다. 2017년 8월, PGA 2부 투어에 초청선수로 출전했고, 경제적 어려움을 겪는 골프 선수에게 25,000달러를 기부하기도 했다. 2019-2020시즌을 앞두고는 워싱턴 하워드 대학의 남녀 골프팀을 독자적으로 후원하기로 결정했다. 최소 6년간 팀이 자생 능력을 갖출 때까지 후원하겠다는 것이다. 이 학교는 수많은 흑인 정치가를 배출한 학교로 1970년대 이후 재정 문제로 골프 팀을 운영하지 못했다. 커리가 약 50년 만에 부활을 시킨 셈이다. 2021년 9월에는 마이클 조던과 함께 골프대회 홍보를 위해 토크 프로그램을 찍기도 했다. 커리의 이런 활동은 2019년부터 더 두드러지기 시작했는데, 이처럼 커리가 다른 영역에서 열심히 시간을 보낸 이유가 따로 있다는 분석도 있었다. 파이널에 오르지 못한 채, 혹은 버블에 초대받지 못해 느끼는 허전함을 채우고자 했다는 것이다. 5년 간 거의 매 시즌 100경기 가까이 뛰었으니 재충전이 필요하지 않을까 싶었지만 오히려 그는 부상으로 인해 농구를 하지도 못했던 기간을 답답해했다. "버블 게임을 TV로 본 것은 제 농구인생 최악의 순간이었습니다. 코트에서 경쟁하는 그 순간과 분위기가 너무나도 그리웠습니다." 지난 2021년 11월 커리가 미디어 컨퍼런스에서 했던 말이다.

매운맛 커리가 돌아왔다

2020-2021시즌은 그 오랜 기다림을 해소하는 시간이 됐다. 건강한 커리가 돌아왔고, 팬들은 시즌 내내 '커리 쇼'를 즐길 수 있었다. 이와는 별개로 골든스테이트는 시간이 더 필요했다. 2020년 10월 트레이닝 캠프를 준비할 때만 해도 전망은 나쁘지 않았다. 그러니까, '우승할 수 있다'라기 보다는 정상을 향한 도전을 재시동하기에는 나쁘지 않은 환경이었다는 의미였다. 1년 사이 경험을 쌓으며 성장한 영건들, 복귀를 준비하는 클레이 탐슨, 위긴스 활용을 위한 스티브 커 감독의 연구(그는 위긴스를 지도했던 탐 티보듀 감독까지 만나 이야기를 듣는 등 위긴스를 '코어'로 여기고 준비했다), 드래프트 1라운드 2순위 제임스 와이즈먼 등 계획은 차근차근 진행되는 듯 했다. 커리 역시 인터뷰에서 기대감을 밝혔다. "우리 팀은 여전히 강한 코어를 갖고 있습니다. 지난 시즌은 정말 최악이었죠.

저도 부상이 있었고 클레이는 1년 내내 뛰지 못했고, 드레이먼드도 라인업에서 빠지는 날이 많았으니까요. 새로운 친구들도 많다보니 뭔가 달랐습니다. 그렇지만 이것이 다음 3~4년을 나아가기 위한 발판이었다고 생각해요. 잘 쉬고, 건강을 회복했으니까요. 모두 올랜도에서 열린 '버블'을 보면서 많은 생각을 했을 겁니다. 우리는 지난 7년간 열심히 달렸습니다. 이것을 리프래쉬의 계기로 삼을 겁니다." 커리가 기자단 인터뷰에서 남긴 말이다. 그러나 시즌은 생각처럼 순조롭지 않았다. 우선 '영혼의 단짝'이 다시 이탈했다. 11월, 탐슨이 훈련 중에 아킬레스건을 다쳤다는 소식이 전해졌다. 왼쪽 무릎 십자인대 파열에 이어 이번에는 오른쪽 아킬레스건 파열. 농구선수에게 있어 가장 큰 시련으로 여겨지는 부상 2개를 연달아 당하게 되면서 탐슨은 다시 휴업에 들어갔다. 이는 곧 커리가 더 많은 것을 해줘야 한다는 것을 의미했다.

골든스테이트도 생각보다 삐거덕거렸다. 여타 NBA팀과 달리 골든스테이트는 볼 핸들러에게 전적으로 의존하거나 2대2 플레이를 중심으로 하는 경기를 주로 하지 않는다. 스크린, 핸드오프, 커트인 등 무수한 움직임을 기반으로 경기를 풀어간다. 골든스테이트는 우승하는 동안 거의 매 시즌 어시스트 순위에서 상위권에 올라있었다. 이를 위해서는 동선과 공간 창출을 완전히 이해해야 했다. 그렇지 못한다면 경기를 제대로 풀어갈 수 없다. 설사 찬스를 만들었다고 해도 슛이 들어가지 않으면 무용지물. 팀에서 이 움직임으로 우승을 해본 선수는 커리와 그린 정도였기에 시스템 정착 과정에는 많은 인내가 필요했다. 브루클린과의 개막전(99-125 패배) 직후, 커리는 당근과 채찍을 앞세워 어린 동료들을 이끌었다. 동시에 챔피언십 팀의 부담은 내려놓으라고 강조했다. "이 팀이 과거에 받았던 부담감은 이제 내려놓아도 됩니다. 이제는 완전히 팀이 바뀌었거든요. 실수로부터 더 나아지기 위해 노력하는 것이 중요해요. 시간은 걸리겠지만, 경기가 안 풀릴 때마다 어떻게 움직여야 할 지 생각하고 이해하는 시간이 필요합니다." 케본 루니에 따르면 커리는 시즌 중에도 수시로 스피치를 하거나 문자 메시지를 보내며 선수들을 독려했다. 슛이 안 들어간 것에 연연해하지 말고, 경기 승패에 자책만 하기보다는 같이 경기를 보며 일어서자는 것이었다. '더 나아질 방법만을 생각하자.' 커리가 보낸 메시지였다. 2020-2021시즌 첫 20경기를 치렀을 때 골든스테이트는 11승 9패를 기록하고 있었다. 5할을 오가는 아슬아슬한

커리의
무서웠던
2021년
4월

Amazing APRIL

3월 29일 시카고 전을 시작으로 4월 29일 미네소타 전까지 커리는 16경기에서 36.9득점이라는 어마어마한 성적을 남겼다. 야투 51.4%, 3점슛 46.4%, 자유투 90.4%. 위대한 슈터의 기준이라 할 수 있는 '50-40-90'도 기록했다. 특히 4월 21일 워싱턴 전에서 18점에 머무르기 전까지는 무려 11경기 연속 30+득점을 기록해 화제의 중심에 서기도 했다. 르브론 제임스를 비롯, 많은 스타들조차 인정했던 대단한 득점 행진이었다.

스테픈 커리 4월 기록

날짜	상대	득점	3점슛(성공/시도)
3. 29	시카고 승	32	6/14
4. 01	마이애미 패	36	5/11
04	애틀랜타 패	37	3/12
06	밀워키 승	41	5/10
09	워싱턴 패	32	5/12
10	휴스턴 승	38	8/15
12	덴버 승	53	10/18
14	오클라호마시티 승	42	11/16
15	클리블랜드 승	33	4/13
17	보스턴 패	47	11/19
19	필라델피아 승	49	10/17
21	워싱턴 패	18	2/14
23	덴버 승	32	4/9
25	새크라멘토 승	37	7/14
27	댈러스	27	5/9
29	미네소타 패	37	6/17

줄타기는 시즌 내내 계속됐다. 3월 말부터 4월까지 10경기에서 2승 8패에 그치며 25승 28패까지 떨어졌으나 점차 시스템이 정착되면서 승률 52.8%로 정규시즌을 마쳤다. 이 과정에서 커리도 점차 예년의 컨디션을 찾아갔다. '우리가 알던' 그 경기력을 보인 것이다. 커리는 12월 27일 시카고 불스 전에서 3점슛 5개를 꽂으며 통산 3점슛 2,500개를 돌파한다. NBA 역사상 커리를 포함해 레이 알렌과 레지 밀러 등 겨우 3명만이 올린 대기록이었다(커리는 1달 뒤인 1월 23일에 밀러를 추월하고 NBA 역사상 2번째로 많은 3점슛을 넣은 선수가 됐다). 2021년 1월 3일 포틀랜드 전(137-122, 승)은 마치 '내가 부활했다'라고 외친 경기였다. 이날 커리는 62득점을 폭발시켰다. NBA 데뷔 후 개인 최다득점. 2013년 2월 27일, 뉴욕에서 올린 54점이 이전 기록이었으니 8년 여 만에 새 기록을 달성한 것이다. 이날 넣은 3점슛은 8개. 전반에만 일찌감치 30득점을 돌파했다. 모두에게 익숙했지만, 말로만 듣던 '그 커리'를 처음 영접한 동료들은 입을 다물지 못했다는 후문. 스티브 커 감독조차 "이런 선수를 지도할 수 있다는 건 정말이지 엄청난 특권 같습니다"라며 커리의 귀환을 자축했다. 그린은 이 경기에서의 커리에 대해 '미션을 갖고 나온 남자 같았다'라고 말했다. 사연은 이렇다. 골든스테이트는 바로 이틀 전인 1월 1일 포틀랜드 경기에서 98-123으로 대패를 당했다. 커리는 3점슛 12개 중 8개를 놓치면서 주연 자리를 상대 에이스 대미언 릴라드에게 넘겼다. 아마도 62점 활약 뒤에는 당시의 굴욕을 만회하고자 하는 마음도 있었을 것이다.

3점슛 기록 외에도 커리는 개인과 팀 모두에게 있어 의미가 있는 시간을 보낸다. 2021년 3월 15일 LA 레이커스전에서는 가이 로저스(4,855)를 제치고 구단 어시스트 부문 역대 1위에 올랐다. 참고로 그의 패스를 가장 많이 득점으로 올린 선수는 클레이 탐슨이다. 2018-2019시즌까지 탐슨이 '어시스트'로 만들어준 패스는 965개였다. 데이비드 리는 545개, 듀란트는 짧은 시간이었음에도 불구, 244개를 맡아주었다. 같은 해 4월 12일 덴버 너게츠와의 경기에서는 53득점을 기록했다. 이 경기 1쿼터에 커리는 윌트 채임벌린을 따돌리고 구단 역사상 가장 많은 득점을 올린 선수가 됐다. 채임벌린은 1959년부터 1965년까지 6시즌 동안 워리어스에서 뛰며 17,783점을 기록했다. 즉, 56년 만에

이 기록의 주인이 바뀐 셈이다. 이날은 팀도 116-107로 이기면서 기쁨이 2배가 됐다. 그런가 하면 커리가 날뛰었던 (?) 4월 12일은 커리에게 엄청난 스포트라이트가 쏟아졌던 시기였다. 그야말로 '미친' 4월을 보내고 있었기 때문이다. 커리가 4월의 15경기에서 올린 평균 득점은 37.3득점. 3점슛은 평균 6.4개를 넣었는데 성공률이 무려 46.6%였다. 또한 야투 51.8%, 자유투 90.8%까지 곁들여 4월 한 달을 50-40-90으로 마쳤다. 이 역시 NBA 역사상 처음있는 일이었다. 또한 3월 29일부터 4월 19일까지, 자신이 출전한 11경기에서 한 번도 빼놓지 않고 30득점 이상을 기록했다. 40점 이상 5회, 50점 이상도 1번 있었다. 또한 이 기간에 3점슛 78개를 몰아넣었다. NBA 역사상 그 누구도 해내지 못한 대기록이었다. 이쯤 되니 커리가 경기할 때마다 취재진의 관심이 쏠리기 시작했다. 과연 오늘도 3점슛 세례를 퍼부으며 30점 이상을 올릴 것인가? 이는 2021년 4월 NBA의 최고 화두였다. 4월 19일, 107-96으로 승리한 필라델피아 전에서 49득점(3점슛 10개)을 넣던 날, 매직 존슨은 "커리야말로 진정한 MVP지!"라고 트윗을 남기기도 했다. 그가 '4월의 선수'로 선정된 것은 어찌 보면 당연한 일이었다. 후안 토스카노-앤더슨은 선배의 맹폭을 보며 "우리 시대의 피카소 같달까요"라며 감탄을 아끼지 않았다. 5월에도 세 번 40+득점을 올린 커리는 브래들리 빌(워싱턴 위저즈, 31.3점)을 따돌리고 득점 1위(32.0점)가 된다. 커리와 빌은 시즌 후반기부터 열띤 득점왕 경쟁을 펼쳐왔다. 4월 22일 두 팀 맞대결에서 커리가 18점에 그쳤을 때, 《ESPN》은 '마침내 커리의 슛이 차갑게 식어버렸다'라고 보도했다. 반대로 빌은 29득점을 기록하면서 불씨를 이어가는 듯했다. 그러나 커리는 멤피스 그리즐리스와의 정규시즌 마지막 날에도 46점을 터트리면서 득점왕을 꿰찼다. 개인 통산 2번째 득점왕이었는데, 1998년 마이클 조던(당시 35세) 이후 가장 나이가 많은 득점왕이었다. 골든스테이트는 39승 33패로 2020-2021 시즌을 마쳤다. 시즌 내내 5할을 오갔고, 서부 8위에 그쳤지만 시즌 출발 당시 분위기를 생각해보면 경기 스타일과 라커룸 분위기는 어느덧 과거와 가까워지고 있었다. 커리는 이런 활약의 원천이 바로 건강이라 말했다. 건강하게 돌아온 덕분에 하이 레벨에서의 플레이도 가능해진 것 같다고 말이다. 3월에도 꼬리뼈를 다쳐 모두를 놀라게 했던 커리였지만 꾸준한 몸관리와 구단 배려로 4~5월의 기적을 쓸 수 있었다. 그는 그 모든 것을

축복이라 말하며 다음 단계에 시선을 두고 있었다.

어색한 무대에서의 재회

멤피스와의 정규시즌 마지막 경기. 커리는 4쿼터 종료
1분 35초 전, 3점슛을 넣은 뒤 팬들을 향해 웃통을 들어
올리는 세리머니를 보였다. 골든스테이트 팬들은 커리가
누구를 따라했는지 금방 눈치챘다. 바로 배런 데이비스다.
데이비스의 NBA 선수 경력은 13년이지만
골든스테이트에서 지낸 시간은 3시즌(2005~2008)
정도였다. 그 중 2007-2008시즌에는 그야말로 엄청난
임팩트를 남긴다. 당시 골든스테이트는 1994년 이후
처음으로 플레이오프에 진출했는데, 우승후보였던 댈러스
매버릭스를 4승 2패로 꺾는 기적을 만들었다.
돈 넬슨 감독의 스피드 농구에 댈러스가 완전히 당했던
시리즈였는데 그 선봉에 데이비스가 있었다. 그 당시,
이 경기를 중계했던 이가 바로 지금의 골든스테이트 감독인
스티브 커였다. 스티브 커는 데이비스의 아크로바틱한
레이업을 극찬했다. 커리가 따라한 세리머니는 이어진
유타 재즈와의 2라운드 시리즈에서 나왔다. 비록
골든스테이트는 1승 4패로 무너졌지만, 골든스테이트
팬들은 '우리는 믿는다(We Believe)'라는 문구가 적힌
티셔츠를 입고선 뜨거운 응원을 보냈다.
2021년 플레이오프를 앞두고 골든스테이트는 똑같은
위치에 있었다. 플레이오프의 가장 낮은 시드에서 강팀에
도전하는 입장이 되어 있었다. 커리는 그때 데이비스처럼
다시 한 번 이변의 주인공이 되길 바라고 있었다. NBA는
2019-2020시즌을 버블에서 마무리하면서 '플레이-인 토
너먼트' 제도를 도입했다. 예년 같으면 8위팀이 바로
1위팀과 플레이오프를 치렀겠지만, 플레이-인 토너먼트가
도입되면서 절차가 복잡해졌다. 서부에서 승률 8위였던
골든스테이트는 7위 LA 레이커스와 7위 자리를 놓고 먼저
경기했다. 만일 여기서 이기면 서부 7번 시드가 되어
서부 2위 피닉스 선즈와 1라운드 시리즈를 치를 것이다.
여기서 져도 1번 더 기회가 있다. 승률 9위 멤피스
그리즐리스와 10위 샌안토니오 스퍼스간의 승자와 8번
시드를 놓고 경기를 갖는 것이다. 먼저 만날 상대는
LA 레이커스. 레이커스에는 '4년 전쟁'의 파트너로서
늘 마지막 스테이지에서 패권을 다투었던 르브론 제임스가
있었다. 늘 대미를 장식하던 이들이 플레이오프의 가장

낮은 곳에서 문을 열게 되는 아이러니한 상황이 발생했다.
팬들도 이 대진이 흥미로웠던 모양이다. 두 팀의 대결은
2019년 NBA 서부 컨퍼런스 파이널 이후 최고 시청률을
기록했다. 승부는 어땠을까. 단판제로 치러진 이 승부는
레이커스가 103-100으로 극적으로 이겼다. 르브론의
결정적인 3점슛으로 승패가 갈렸다. 그의 3점슛은 마치
2014년 2월 13일을 기억나게 했다. 아직 골든스테이트가
우승후보로 발돋움하기 전이었고, 르브론도 클리블랜드가
아닌 마이애미 히트 유니폼을 입던 시절이었다.
당시 르브론은 종료 직전, 좌중간에서 3점슛을 넣어
111-110으로 경기를 뒤집었다. 그 3점슛으로 뜨겁게
달아오르던 오라클 아레나는 일순간 조용해질 수밖에
없었다. 커리도 37득점(3점슛 6개)을 기록했지만 4쿼터에
폭발한 앤써니 데이비스와 르브론을 당해내기에는
역부족이었다. 한 번의 기회가 더 주어진 골든스테이트는
2일 뒤, 멤피스를 상대로 8번 시드에 도전했지만 이때는
연장까지 가는 접전 끝에 112-117로 무너지고 말았다.
커리가 39득점을 기록했지만 기세가 오를 대로 오른
'젊은 피' 모란트에게 중요한 점프슛을 내리 허용하면서
고개를 떨어뜨렸다. 중요한 경기에서의 연이은 패배, 그리고
씁쓸한 탈락. 커리는 두 경기 모두 4쿼터까지 잘 하다
무너진 경기라는 점에서 아쉬워했다. 그러나 젊은 선수들에
게는 성장할 만한 좋은 기회였다. 분명 3~4년 전과 달리
플레이오프 분위기에 익숙하지 않은 선수들이 많았다.
커리는 종종 이를 '챔피언의 DNA'라고 표현하곤 했는데,
젊은 선수들에게는 그런 DNA가 아직 없었다. 커리는
경기 후 라커룸에서 빨리 패배로부터 돌아와 승리할 수
있도록 노력하자며 후배들을 독려했다. "여기있는 모든
친구들이 자랑스러워요. 기대 이상의 것을 해내며
올라왔습니다. 목표로 했던 2경기를 이기지는 못했지만
그래도 여기까지 온 여정은 대단하다고 생각합니다."

전설은 계속된다

2021년 10월 19일. 캘리포니아주 로스엔젤레스의
스테이플스 센터에서 열린 LA 레이커스와 골든스테이트
워리어스의 경기로 NBA는 2021-2022시즌의 문을 열었다.
이 경기는 큰 의미가 있었다. 팬데믹 여파로 인해 제한된
인원의 관중을 받았던 NBA는 2020년 3월 이후 처음으로
전 좌석을 개방했다. 백신 접종을 완료했다는 증명서를

커리
3점슛의
시대를 열다

ERA of 3POINTERS

커리는 3점슛 성공의 기준을 바꿔놓았다. 2011-2012시즌, 뉴올리언스 호네츠(현 펠리컨스)는 경기당 3.9개의 3점슛을 성공시켰다. 평균 5개 이하의 3점슛을 넣는 팀이 5팀이나 있었다. 그 시즌 3점슛 1위는 라이언 앤더슨이었는데, 2.7개를 성공시켰다. 그때는 이 정도만으로도 가치가 높았다. 그러나 단 몇 시즌 만에 커리는 그 눈높이를 확 높여버렸다. 2015-2016시즌의 5.1개는 잔잔하게 가던 그래프의 경사도를 바꿔놓았다. 2016-2017시즌에는 3점슛 3.0개 이상 성공시키는 선수가 7명이 되었고, 2019-2020시즌에는 NBA 역사상 처음으로 평균 3.0개 이상을 넣는 선수가 10명을 넘어섰다. 이 가운데, 커리는 2020-2021시즌에 5.3개의 3점슛을 넣으면서 커리어하이 기록을 새로 썼다. '3점슛의 시대'가 오긴 왔지만, 아직 경기당 5.0개 시즌을 2번 이상 기록한 선수는 오로지 커리 밖에 없다.

스테픈 커리 시즌별 3점슛 성공 기록

시즌	출전경기	3점슛 성공	성공률
09-10	80	2.1	43.7%
10-11	74	2.0	44.2%
11-12	26	2.1	45.5%
12-13	78	3.5	45.3%
13-14	78	3.3	42.4%
14-15	80	3.6	44.3%
15-16	79	5.1	45.4%
16-17	79	4.1	41.1%
17-18	51	4.2	42.3%
18-19	69	5.1	43.7%
19-20	5	2.4	24.5%
20-21	63	5.3	42.1%

시즌별 NBA 3점슛 기록 (전 구단 평균 성공 기록)

시즌	3점슛 성공
90-91	2.3
94-95	5.5
00-01	4.8
10-11	6.5
11-12	6.4
12-13	7.2
13-14	7.7
14-15	7.8
15-16	8.5
16-17	9.7
17-18	10.5
18-19	11.4
19-20	12.0

제출하면 모두 입장이 가능했다. 스테이플스 센터도 만원사례를 이루었다. 필자도 오랜만의 NBA 취재에 나섰다. 르브론 제임스, 앤써니 데이비스, 러셀 웨스트브룩 등 슈퍼스타들이 모인 레이커스를 보기 위해 취재석과 기자실도 북적거렸다. 레이커스 홈 팬들도 입장이 시작되자 모두들 환호성을 지르며 체육관에 들어왔다. 대체로 레이커스 팬들은 홈 팀에 대한 충성도가 강해 원정 팀을 그리 반기지 않는 편이다. 종종 중소도시 팀들의 경우는 티켓 가격이 싸서 슈퍼스타가 있는 원정 팀을 보기 위해 찾는 팬들도 있지만, 레이커스는 그렇지 않다. 절대다수의 팬들이 '골드 앤 퍼플'로 대변되는 레이커스에 미쳐있었다. 단, 커리가 코트에 들어섰을 때는 달랐다. 환호가 시작됐다. 바로 전 시즌, 플레이오프 티켓을 두고 겨룬 '적'이었지만, 커리가 차지하는 영역은 '원정 팀 선수' 정도로 한정할 수 없었다. 적지 않은 팬들이 휴대폰을 들고 커리의 장면 하나하나를 담고자 했다. 그렇게 열광하던 팬들이 커리를 향해 야유를 보내고 한숨을 보낸 순간이 있다. 레이커스가 추격 분위기를 탈 시점에 3점슛을 꽂아 찬물을 끼얹은 것이다. 어유있게 3점슛을 꽂고 세리머니를 하는 모습을 보며 레이커스 팬들은 아마도 얄밉다는 생각을 했을 것이다. 그는 이날 21득점 10어시스트 10리바운드를 기록했다.

커리는 이 경기를 시작으로 다시 '증명의 길'에 들어섰다. 이미 많은 것을 이루었지만 반대로 지난 2시즌 간 많은 것을 놓치기도 했다. 부상이 주된 이유였지만, 골든스테이트는 지난 2시즌 동안 83경기를 졌다. 2014년부터 2019년까지 410경기에서 88번 밖에 지지 않았던 그들이 137경기에서 83번을 진 것이다. 사람들은 시대가 저물었다고 하지만 2021-2022시즌을 질주하는 그들 표정에서는 '아직 끝나지 않았다'는 자신감이 엿보인다. 시즌을 11승 1패로 시작했고 잘 나가던 피닉스 선즈의 연승 행진을 기어이 멈춰 세웠다. 커리는 그 선봉에 서 있다. 시즌 첫 한 달 사이에 2번이나 주간 MVP가 됐고, 12월 초 발표된 '이달의 선수'에도 이름을 올렸다. 2021년 11월 8일 애틀랜타 호크스를 상대로는 50득점 10어시스트를 기록하며 이 부문 역대 최고령 선수로 이름을 남기기도 했다. 또한 12월 15일 뉴욕 닉스전에서는 마침내 레이 알렌을 뛰어넘어 NBA 역사상 3점슛을 가장 많이 넣은 선수가 되는 역사적 순간도 맞이했다.

그는 마치 '우리가 돌아왔다'는 것을 보여주는 것처럼 매서운 화력을 보이고 있다. 그 옆에는 두 시즌 간 힘겹게 성장해온 젊은 선수들도 서있다. 앤드류 위긴스, 조던 풀, 토스카노-앤더슨, 대미언 리 등이다.

이 질주의 끝이 어떻게 될 지는 아무도 모른다. 그러나

한 가지 확실한 것은 있다. 슈퍼스타는 매일 밤 승리의 주역이 되기도 하고, 패배의 원흉이 되어 손가락질을 받기도 한다. 어떤 날은 영웅이지만, 다른 어떤 날은 조롱의 대상이 되기도 한다. 마치 10여 년 간 이뤄온 일이 아무 것도 아닌 것처럼 여겨질 정도로 바닥까지 내쳐질 때도 있다. 프로란 그렇게 냉혹한 세계이며, 이는 커리는 존재도 피해갈 수 없는 현실이다.

그러나 커리는 그 무대를 그리워했고, 여전히 그 무대를 즐기고 있다. 7전 4선승제의 최종전이 주는 그 긴장감. 그리고 그 무대에서 마침내 승리자가 되었을 때의 쾌감을 그리워하며 말이다. "저는 여전히 무대를 즐기고 있어요. 큰 무대를 즐기는 것은 어렸을 때부터 제 DNA에 있었던 것 같습니다. 언젠가부터 제 이름 앞에 '○○○를 해낸 최고령 선수' 혹은 '마이클 조던, 윌트 채임벌린 이후 ○○○○를 기록한 최고령 선수' 같은 수식어가 붙더군요. 정말 자랑스럽고 기분 좋은 수식어 같습니다." 최근 경기 후 미디어와 가진 인터뷰에서 남긴 말이다. 그러나 늘 그랬듯,

그에게 '개인'은 '팀' 다음일 뿐이다. 부상과 이적 등으로 무너져 내렸던 골든스테이트만의 문화와 시스템이 살아났고 그들은 이를 통해 다시 'W'를 쌓아가고 있다. 아마도 그 'W'의 끝에 챔피언이라는 수식어가 붙을 때 커리는 비로소 '성공했다'고 말할지 모른다. 프로 데뷔 후 가장 자주 써온 이 한마디와 함께.
"정말이지, 즐거운 여정이었습니다! 너무나 재밌었어요."

인간.
스테픈 커리

긍정의 리더이자 뛰어난 화술의 커뮤니케이터

"내가 스테픈 커리를 눈여겨본 이유요? 그 아이는 키가 계속 자라면서 실력도 좋아졌어요. 센스가 좋았죠. 하지만 무엇보다도 과감함과 인내심을 모두 가진 것이 인상적이었어요. 과감한 선수는 인내심이 부족해요. 인내심이 있는 선수들은 과감한 경우가 없죠. 그런데 이 아이는 다 갖고 있었습니다." 스테픈 커리를 스카우트한 데이비슨 대학의 밥 맥킬롭 감독은 제자의 광팬이 되었다. 그의 농구 스타일뿐 아니라 생활 스타일, 인성에 대해서도 말이다. 최근 인터뷰에서는 "정치를 해도 되겠다"라고 말했는데, 이는 커리의 언변이나 유명세 덕분이라기보다는 선한 영향력과 리더십 때문이라고 할 수 있다.

부모님의 영향

여러 번 언급됐듯 커리는 NBA 선수 출신인 델 커리, 대학 배구선수 출신인 소냐 커리 사이에서 태어난 첫째다. 이들 부모는 언제나 아들의 든든한 지원군이었으나, 정작 자신들의 재력이나 유명세를 앞세워 행동하는 스타일은 아니었다. 한번은 밥 맥킬롭 감독이 기자회견 중에 "세상에 델과 소냐 같은 부모만 있었다면 이 세상은 정말 천국과도 같았을 것"이라 말했을 정도다. 어렸을 때부터 이들은 스테픈 커리와 그의 동생, 세스 커리를 데리고 봉사활동을 다니거나 기부를 하는 등 내가 누리고 있는 것을 나만이 아닌 모두를 위해 사용할 수록 더 기쁘고 행복하다는 것을 몸소 가르쳤다. 그래서인지 커리도 고향 샬럿과 연고지 샌프란시스코 지역 빈민층, 혹은 취약계층 아동들을 위한 기부를 아끼지 않았다. 아프리카 지역에는 말라리아 피해를 줄이기 위한 모기장을 선물하기도 했다. 3점슛을 하나씩 넣을 때마다 일정액을 보냈다고 하는데, 매 시즌 최소 200개 이상의 3점슛을 넣었으니 그 금액도 어마어마하다. 언젠가 커리를 만나 이런 활동에 대해 물었을 때, 커리는 "내가 농구를 더 열심히 할 수 있게끔 만들어주는 원동력"이라 설명했다. "농구를 통해 사람들을 기뻐해주고, 세상의 이슈에 도움이 된다는 사실이 기쁘다"라며 말이다.

가끔은 쉬는 것도 괜찮아

커리는 어디서든 환영을 받아온 인물이다. 동료들은 말할 것도 없다. '이기적'이라는 단어가 나온 적이 없다. 지난 20여년을 돌아봤을 때, 슈퍼스타의 위치에 있으면서 인성 논란이 한번도 없었던 선수는 팀 던컨과 커리 정도였다. 커리는 긍정적인 말을 많이 하는 인물이기도 하다. 2015년 NBA 플레이오프에서 있었던 일이다. 멤피스 그리즐리스와의 2라운드 시리즈 2, 3차전을 내리 졌을 때 커리는 동료들을 데리고 외출을 감행했다. 플레이오프 기간 중에는 흔치 않은 일이다. 커리는 의기소침해진 동료들을 모아놓고 이렇게 말했다. "그냥 다 잊고 오늘은 놀자! 멤피스는 맛있는 음식이 정말 많아!" 기분 전환을 한 골든스테이트는 4차전부터 3경기를 내리 이기면서 다음 라운드에 갔다. 그것도 17점, 20점, 13점차의 대승이었다. 커리는 당시 에피소드를 묻는 기자들에게 "가끔은 실망스러운 패배는 그냥 잊어버릴 필요가 있다"라고 답했다.

DON'T FORCE THINGS & A LOT OF FUN

그렇다고 늘 이런 방식의 스트레스 해소를 권장하는 것은 아니다. 2020-2021시즌의 경우는 조금 달랐다. 2021년 3월, 골든스테이트가 4연패에 빠지면서 라커룸 분위기는 계속 우중충해져갔다. 설상가상으로 커리마저 부상으로 나오지 못했다. 경기 후 라커룸을 찾은 커리는 후배들을 모아놓고 한마디 했다. "우리의 마음가짐이 달라지지 않았는지 한번 생각해볼 때야. 우리의 노력은 어느 정도였는지 확인해봐. 열심히 해왔잖아. 다시 잘할 수 있어!" 그의 스피치에 영감을 받은 골든스테이트는 4월부터 다시 연승을 달리면서 차기 시즌에 대한 기대감을 남길 수 있었다. 물론 커리도 젊은 시절로 돌아간 듯한 신들린 활약으로 힘을 보탰다.

가장 자주하는 말

커리는 두 문장을 자주 사용한다. 첫째는 'Don't force things', 무리해서 억지로 해서는 될 것도 안 된다는 의미다. 아마도 이는 어린 시절부터 '언더독' 신세였고, 그것으로부터 발버둥 쳐왔던 오랜 경험을 통해 얻은 교훈일 것이다. 두 번째는 'a lot of fun'이다. 커리는 뛰어난 활약만큼이나 세리머니도 화끈한 선수다. 관중들을 어떻게 해야 열광하게 만들 지 잘 알고 있다. 때로는 터프하게, 때로는 귀엽게 표정을 지으며 좌중을 들었다 났다 한다. 후배들과 댄스를 추는 일도 잊지 않는다. 경기는 진지하게, 그러나 매사는 긍정적이고 즐겁게 지내자는 것이 그의 모토였다. 커리는 2017년 방한했을 때도 비슷한 뉘앙스의 멘트를 했다. 자신처럼 되고자하는 농구 유망주들에게 건넨 말이었다. "매 순간이 마지막인 것처럼 노력하는 것이 중요합니다. 그게 제 팁이에요. 하지만, 그 와중에도 즐기면서 하는 것이 중요해요." 시켜서 하는 것보다는 능동적으로, 자기 과제를 찾아 발전을 즐기면서 노력하라는 의미였다.

미디어마저 매료시킨 화술

커리는 기자들에게도 꽤 괜찮은 인터뷰이다. 단어 선택, 어조, 발음, 아이컨택 등 불편함이 없다. 커리가 글로벌 스타가 되면서 미국인뿐 아니라 아시아, 유럽 기자들과도 인터뷰하는 경우가 많아졌다. 2016년에는 NBA가 글로벌 미디어를 위한 전화 기자회견을 주최한 적이 있다. 아무래도 음질도 떨어지는 데다 영어에 익숙하지 않은 기자들이 대부분이다 보니 기자회견에 참석한 필자를 비롯해 서로가 서로의 말을 못 알아듣는 경우도 있었다. 그때마다 커리는 "미안한데 제가 놓친 부분이 있는 것 같아요", "죄송한데 마지막 문장의 의미는 무엇이었죠?"라고 물으며 질문자가 무안하지 않게끔 재질문을 유도했다. 이는 다른 NBA 선수들에게서는 쉽게 찾아볼 수 없는 부분이었다. 최근에는 이런 인터뷰 스킬과 화술 덕분인지 커리가 직접 인터뷰로 나서는 인터뷰 컨텐츠도 종종 생산되고 있다. 슈퍼스타가 된 뒤에도 겸손함을 유지하고 있는 이런 커리의 인품에는 어머니의 영향도 컸다. 한번은 커리가 경기 중 화를 참지 못하고 욕설을 쓴 적이 있는데, 어머니는 경기 후 아들에게 전화해 꾸중한 것으로 알려졌다. 아들이 어린이 팬들에게 어떤 영향을 주는 사람인지 잘 알고 있었기에 나온 행동이었다.

모두를 챙기는 마음씨

NBA 선수들의 기자회견 중 가장 시간이 오래 걸리는 것은 무엇일까. 바로 시상식이다. 특히 구단이 자체적으로 개최하는 시상식은 제한 시간이 없기에 해당 선수가 원하는 만큼 발언을 할 수 있다. 그날만큼은 수상자가 주인공이기 때문이다. 특히 MVP 스피치는 평소 고맙게 생각했던 모든 이들에게 감사를 전하고, 자신이 기울여온 노력을 돌아보는 자리이기에 더 오랜 시간이 걸린다. 그러나 지겹다는 느낌보다는 감동이 더 짙게 다가온다. 2014-2015시즌 커리의 MVP 스피치는 무려 40분이 걸렸다. 글자 크기 10, 줄 간격 160으로 A4 용지에 맞춰 출력해 봤더니 7장이 넘게 나왔다. 커리는 가족과 팀 동료는 물론이고, 장비 매니저와 체육관 시큐리티 등 자신이 체육관을 오가며 마주쳤던 모든 이들의 이름과 에피소드를 언급하며 일일이 고마움을 전했다. 두 번째 수상이었던 2015-2016시즌에도 그는 스피치에만 22분여를 할애했는데, 대본 하나 없이 그토록 긴 시간 동안 주변을 챙길 수 있다는 것이 놀라웠다.

STEPHEN CURRY
R E C O R D S

주요 기록들 / 계량 부분

1 6 2 NCAA 단일시즌 최다 3점슛 성공 162개
2007-2008

4 0 2 한 시즌 최다 3점슛 성공 402개
2015-2016

9 8 단일 플레이오프 최다 3점슛 성공 98개 *타이기록
2016

9 NBA 파이널 한 경기 최다 3점슛 9개
2018 NBA FINAL GAME 2

1 5 7 3점슛 연속 성공 경기 *정규시즌 경기 기준
2014~2016. 11

1 7 연장전 최다득점 기록
2016. 5. 11

2 9 7 7 NBA 3점슛 성공 역대 1위 *2021. 12. 15 현재 기록
데뷔~2021. 12. 15

50.4%

45.4%

90.8%

주요 기록들 / 비계량 부분

2015-2016 역대 최초 만장일치 정규시즌 MVP

2017-2018 3시즌 연속 NBA 저지 최다 판매
NBA 오피셜 스토어 기준

2020-2021 역대 2번째 33세 이상 득점 1위
최초 : 마이클 조던

2020-2021 한 경기 3점슛 10개 이상 성공 7회
역대 최다. 기존 : 커리, 6회

2021-2022 역대 최다 30분 미만 출전 + 30득점 23회
NBA 오피셜 스토어 기준

2021-2022 역대 최고령 선수 50득점 + 10어시스트
2021년 11월 9일, 33세 249일

데이비슨대 득점 기록들

974 단일시즌 최다득점
2008-2009

2635 득점 역대 1위
2015-2016

전·후반 30득점 15회 및 한 쿼터 20득점 36회

전반 **7회**　　후반 **8회**

1쿼터 **11회**　　2쿼터 **2회**　　3쿼터 **19회**　　4쿼터 **4회**

위닝샷 총 7회

2013. 12. 11 VS 댈러스 4쿼터	**01.5"**남기고 **2**점슛		**95-93**
2014. 01. 10 VS 보스턴 4쿼터	**02.1"**남기고 **2**점슛		**99-97**
2014. 04. 01 VS 댈러스(원정) 연장전	**00.1"**남기고 **2**점슛		**122-120**
2014. 12. 02 VS 올랜도 4쿼터	**02.2"**남기고 **3**점슛		**98-97**
2016. 02. 27 VS 오클라호마(원정) 연장전	**00.6"**남기고 **3**점슛		**121-118**
2018. 01. 03 VS 댈러스(원정) 4쿼터	**03.0"**남기고 **3**점슛		**125-122**
2018. 12. 23 VS 클리퍼스 4쿼터	**00.5"**남기고 **2**점슛(레이업)		**129-127**

KIMJUNGYOUN

서울을 기반으로 활동하며, 수채화나 붓펜을 이용한 수작업부터 디지털드로잉, 만화, GIF 애니메이션 제작 등 다양한 작업을 한다. 어릴 적 우연히 보게 된 슬램덩크에 큰 영향을 받아, 농구와 만화를 좋아하게 됐고, 현재는 크고 작은 전시와 각종 브랜드와의 협업 작업을 진행하고 있다. 견고한 필력을 바탕으로 하는 섬세한 인물표현과 스토리텔링이 특징이다.

우
리
가

커
리
에
게

미
치
는

이
유

농구를 가장 좋아하고 즐겨했던 중학생인 나는 또래 친구들보다 조금 키가 작았다.
그렇다고 피지컬이 좋지도 않았다. 친구들과 농구를 할 때 골밑에서 지배력을 가지기는 당연히 어려웠고,
아크로바틱한 돌파도 나에게는 무리였다. 나의 거의 유일하다시피 한 공격무기는 점퍼밖에 없었다.
그래서인지 나는 슈터들이 좋았다. 슬램덩크에서도 서태웅이나 강백호보다 정대만을 좋아했다.
폭발적인 운동능력으로 멋진 덩크슛을 꽂아 넣어도 어쨌든 3점보다 1점 낮은 2점이다.
만화보다 더 괴물 같은 선수들이 득실득실한 NBA에서도 내 눈에 들어왔던 건 스테픈 커리였다.
르브론 제임스나 데릭 로즈처럼 괴물 같은 운동능력도 없고,
키가 크지도 않은 커리가 3점슛으로 경기를 지배하는 모습을 보며 나는 굉장한 희열을 느꼈다.
스테픈 커리는 3점으로 경기의 흐름도 바꾸고 리그의 패러다임도 바꾸었다.
슈터들을 동경했던 나에겐 그 어떤 선수보다 가장 보는 맛이 좋은 선수였다.
그 선수를 보러 지금은 연고지가 아닌, 오클랜드 오라클 아레나도 두 번이나 다녀왔다.
첫 번째 방문때는 렌티큘러로 만든 커리 응원그림을 가져갔는데,
모서리가 날카롭다는 이유로 경기장 안에 가져가지도 못했다.
내 그림으로 꼭 커리를 응원하고 싶었는데 너무 아쉬웠다. 하지만 경기가 시작되자
아쉬움은 언제 그랬냐는 듯 사라졌고 경기하는 그의 모습을 보니 그저 너무 좋기만 했다.
지금은 코로나로 인해 새로운 홈경기장인 체이스 센터를 못 가고 있지만, 꼭 이 상황이 마무리되어
체이스 센터에서 앵클게임에 비견될 만한 멋진 경기를 하는 커리를 내 눈으로 보고싶다.
은퇴하기 전까지 정규시즌 MVP, 파이널 MVP, 우승을 한 번씩 더 해내면 더할나위 없겠지만,
그보다 항상 건강한 모습의 스테픈 커리를 보고싶다.

EPILOGUE

We Are All Witness
우리는 커리 시대의 증인이다

"여러분이 간과하는 것이 있어요. NBA에 르브론 제임스 같은 선수만 있는 건 아니잖아요? 모두가 신체조건이 월등히 좋은 것은 아닙니다. 스테픈 커리를 보세요. 운동능력은 훌륭하지 않지만 기술적인 관점에서는 전혀 약점이 없는 선수입니다. 하지만 이 정도 경지에 오르기까지 얼마나 노력을 많이 했을까요? 본인이 느끼기에 그것이 약점이 아니라 생각될 때까지 노력해야죠." 텍사스 지역에서 활동하는 NBA 스킬 트레이너 타일러 랩프는 지난 2016년 6월, 내게 '커리는 판타지 스타'이자 '교재'같은 선수라고 설명했다. 모두를 열광시킬 줄 아는 능력을 지닌 동시에, 반대로 '나도 따라해 볼까?'라는 생각을 갖게끔 하는 선수라는 것이다. 짧은 시간 동안 커리는 많은 이들의 롤모델로 자리 잡았다. 알려지지 않은 작은 대학교를 나온 선수들은 데이비슨 대학이라는 무명 학교를 나와 슈퍼스타가 된 그를 보며 영감을 얻는다고 한다. 190cm 남짓한 상대적으로 작은 체구의 선수들은 한계 극복을 위한 커리의 노력에 주목한다. 코치들도 그런 커리를 '교재'이자 '영감의 도구'로 활용한다. "커리를 보라. 저런 슈퍼스타도 아직까지 노력한다"라며 말이다. 호주 국가대표 감독 브라이언 고지안도 내게 말한다. "당연한 이야기이지만 이런 기술들은 수천 번 반복하지 않으면 얻어질 수가 없어요. 그 기술을 거저 얻었을까요?" 몇 년 전부터 고지안은 아시아 선수들에게 NBA 방식의 슈팅 폼을 전수 중이다. 커리나 클레이 탐슨처럼 빠르게, 동시에 정확한 폼으로 던지는 연습을 시키는 것이다. 그게 아시아의 한계를 극복할 무기가 될 것이라며 말이다. 반면 중국에서 유소년과 대학생들을 지도하는 밥 피어스 코치는 "어후, 다들 커리만 따라합니다. 하프라인만 넘어와도 슛을 던질 생각을 해요"라며 고개를 절레절레 흔든다. 그게 너무 멋지고 대단해보여서 따라하는 선수가 많이 늘었다고 말이다. 이처럼 어떤 식으로든 커리는 세계 농구계와 농구 산업에 영향을 주고 있었다. 그가 역대 최고의 선수라는 것에 동의하지 않을 지라도 그가 2010년대 최고의 선수 중 하나이며, 가장 '핫한' 상품이었다는 것은 부정할 사람이 많지 않을 것이다.

하지만 내가 그를 수차례 취재하며 더 감명을 받은 점은
그 실력이 아닌 행동에 있다. 2014년 뉴올리언스 올스타전에
나설 때만 해도 커리는 다른 선수들처럼 작은 테이블에서
인터뷰를 진행했다. 코비 브라이언트가 기자회견실을 통째로
빌려서 인터뷰하고, 르브론 제임스와 카멜로 앤써니 등이
편히 벽에 기댄 채 수십 명의 기자들이 잘 들을 수 있게
마이크로 말한 것과 달리 커리는 조촐하게 십여 명의 기자
앞에서 인터뷰했다. 그러나 시간이 지나면서 커리에게도
넓은 공간이 필요해졌고, 그의 앞에도 마이크가 놓이게 되었다.
몇 점을 올렸든, 그는 언제든 미디어가 의견을 듣고 싶어하는
선수가 되었다. 그렇지만 그는 늘 한결같이 올바른 단어를
쓰고 정중한 어조를 사용했으며 아이컨택을 잊지 않았다.
알고 보니 이는 그가 신인 시절부터 되뇌어온 신조와도 같았다.
나는 커리의 연봉을 보며 한 기자와 '하루에 1억씩 써도'
통장 바닥이 안 보일 대스타가 됐다고 농담을 나눈 적이
있는데, 커리는 그럴수록 더 겸손해지고 세상을 넓게 보려고
애쓰고 있었다. "농구를 잘한 덕분에 내 영향력이 커지고,
이를 통해 누군가를 도울 수 있다는 것이 기쁩니다.
또, 저를 통해서 사람들이 영감을 얻는다는 사실이
뿌듯합니다"라며 말이다. 이런 점은 그의 패션에서도
잘 알 수 있다. 사실 커리는 NBA에 데뷔할 때만 해도 이런
의상에 큰 신경을 쓰지 않는 편이었다. 그러다 플레이오프에
진출하면서부터 의상에 신경을 쓰게 되었다.
"플레이오프라 그런지 정말 많은 매체가 왔고, 선수들의
일거수일투족을 화면에 담아 보내더군요. 경기장 입구부터
라커룸까지 가는 30초 동안 방송 카메라가 저를 밀착해서
잡았습니다. 단 30초 중 몇 초일 지 모르겠지만, 저를 보는
팬들에게 흐트러진 모습을 보여서는 안 될 것 같다는 생각이
들었습니다." 커리의 말이다. 단추를 잘못 잠그거나,
구겨진 옷 등으로 팬들에게 준비가 안 된 모습을 보여서는
안 되겠다는 생각을 하게 되면서 그는 경기장 출퇴근 의상에도
신경을 쓰기 시작했다는 후문이다. 덕분에 최근에는 《GQ》와
같은 남성지에도 표지에 등장하거나 와이드 인터뷰를 갖는 등
농구 외적으로도 많은 인기를 누리고 있다. 이런 커리의 행동은

마이클 조던, 코비 브라이언트와 많이 닮았다.
이미 스타이면서도 더 나아지기 위해 노력해온 그런 전설들
말이다. 다른 점이 있다면 조던과 코비와 달리, 커리는
그 재능을 알아봐준 사람이 극소수였고, 농구공을 잡고
달려온 대부분의 날이 '언더독underdog'이었다는 점이다.
많은 코치들이 인정하듯 그는 피나는 노력으로 언더독이란
평가를 뒤집고 이 자리에 섰으며 매 순간 새로운 기록을
써가고 있다. 아마 여러분이 이 에필로그를 읽고 있을 때쯤이면
커리는 레이 알렌을 제치고 NBA 75년 역사상 3점슛을
가장 많이 넣은 선수가 되어, 매순간 역사를 새로고침하고
있을 것이다. 그런 면에 있어 나는 '제2의 조던'이 나올 수
없듯, 커리의 스토리를 닮은 또 다른 선수가 나오는 것도
당분간은 힘들 것이라 확신한다. 커리보다 드리블을
화려하게 하고, 패스를 재밌게 하며, 기가 막히게 3점슛을
꽂는 선수는 많이 나타날 것이다. 그러나 커리보다 아름다운
언더독 신화를 쓸 선수가 당분간 또 나올 수 있을까?
그 질문에는 쉽게 답하기 어렵다. 그런 면에서 우리는
또 다른 행운아가 아닐까 싶다. 커리의 시대에 함께 웃고,
울고 열광하고 있으니 말이다.

Stephen Curry

1ST PUBLISHED DATE 2021. 12. 31

AUTHOR Sunsoo Editors, Son Daebum
PUBLISHER Hong Jungwoo
PUBLISHING Brainstore

EDITOR Kim Daniel, Cha Jongmoon, Park Hyerim
DESIGNER Champloo, Lee Yeseul
MARKETER Jang Minyoung
E-MAIL brainstore@chol.com
BLOG https://blog.naver.com/brain_store
FACEBOOK http://www.facebook.com/brainstorebooks
INSTAGRAM https://instagram.com/brainstore_publishing

ISBN 979-11-88073-85-6 (03690)

STEPHEN CURRY